KB263700

차례

1장
2028 대입제도와 입시 전략

2장
학생부와 세특 실전 전략

성적만으로는 역전이 불가능한 시대

대입이 바뀌고 있다. 그리고 그 변화는 지금의 중3부터 적용된다.

2028학년도 입시는 이전과 완전히 다른 방식으로 진행된다. 고교학점제가 전면 시행되고, 내신은 9등급에서 5등급제로 전환된다. 이제 대학은 '성적'보다 '기록'을 중점적으로 평가한다. 학생이 어떤 과목을 선택했고, 무엇을 탐구했으며, 어떻게 성장했는지를 본다.

단순히 시험을 잘 보는 것만으로는 유리하지 않다. 평가 방식이 점수 중심에서 '성취도와 세특 중심'의 정성 평가로 바뀌었기 때문이다. 대학은 학생이 진로와 연계된 과목을 스스로 선택하고 탐구했는지, 그 과정이 학생부에 어떻게 기록되어 있는지를 세밀히 살핀다.

'학부모가 몰라서 준비하지 못한 시대'는 지났다.

입시는 더 이상 성실성만으로 해결할 수 있는 문제가 아니다. 성적, 탐구, 세특, 진로 활동, 자기소개서, 면접 등 모든 요소가 유기적으로 연결되어야 하며, 각 시점마다 적절한 전략이 필요하다.

많은 학부모는 아직도 "성적만 좋으면 된다"고 생각한다. 하지만 이미 주요 대학은 진로 연계성, 탐구 확장성, 도전성을 핵심 평가 요소로 삼고 있다. 학생 스스로 이 기준들을 인지하지 못하면, 아무리 성적이 높아도 경쟁에서 밀릴 수밖에 없다.

'기록 설계'가 곧 입시 전략이다.

이제 대학은 학생이 어떤 질문을 갖고, 어떻게 탐구했으며, 왜 탐구했는지를 성적보다 중요하게 평가한다. 교사가 학생부를 작성할 때 평가하는 기준 역시 태도, 탐구, 확장, 공동체적 기여다.

세특 한 줄이 입시의 승패를 가른다. 같은 과목, 같은 활동이라도 어떻게 기록되었느냐에 따라 합격과 불합격이 결정된다. 고등학교 선택, 과목 선택, 활동 모두 전략적으로 설계되어야 한다.

고교 선택은 더 이상 입결이 좋은 학교를 고르는 문제로 한정되지 않는다. 학교의 세특 지원 시스템, 공동교육과정 참여도, 탐구 활동의 폭, 교사들의 학생부 작성 역량까지 폭넓게 고려해야 한다.

과목 선택 역시 신중해야 한다. 어떤 과목을 이수했고, 해당 과목에서 어떤 성취를 했는지가 그대로 기록된다. 특히 대학은 "왜 이 과목을 선택했는가?", "이 과목이 진로와 어떻게 연관되었는가?"를 중요하게 평가한다. 단순히 높은 점수를 얻기 쉬운 과목을 선택하는 방식은 2028학년도 입시에서는 통하지 않는다.

이 책은 '실행 중심'의 전략서다. 단순히 입시 제도를 설명하는 책이 아니다. 우리는 이 책에서 다음을 제공할 것이다.

- 대입제도의 흐름과 평가 구조의 본질

- 고교 선택부터 과목 이수까지의 구체적인 전략
- 세특과 학생부 작성 설계법(성공과 실패 사례 포함)
- 탐구활동과 수행평가의 실제 대응법(보고서, 발표, AI 활용 등)
- 교과별 학습 전략과 진로 연계 설계법
- 진로 기반 포트폴리오 구성 프레임과 실행 로드맵

결국 성적이 아니라 전략이 승부를 결정한다.

입시는 전략과 실행력의 싸움이 되었다. 진로를 어떻게 연결하고, 어떤 탐구를 실행하며, 어떤 기록을 설계했는가가 입시 당락을 좌우한다. 이 책은 단순히 공부를 잘하는 방법을 알려주는 것이 아니라, 공부한 내용을 '어떻게 효과적으로 보여줄 것인가'를 안내하는 전략서다.

그리고 이 전략은 바로 지금부터 실행되어야 한다.

1장

2028 대입제도와 입시 전략

2028학년도 입시는 지난 수십 년간의 입시 정책 중 가장 근본적인 변화로 평가받는다. 고교학점제의 전면 도입, 내신의 5등급제 전환, 수능 선택 과목 구조 변화 등은 단순히 제도의 전환이 아니라, 입시에서 '학생의 학습 과정과 선택'을 중심으로 평가하겠다는 강력한 시그널이다. 이러한 변화 속에서 학생과 학부모는 단순히 성적 향상만을 목표로 삼을 수 없다. 과목 선택의 전략적 설계, 내신과 수능의 새로운 균형 감각, 대학별 전형 구조에 대한 명확한 이해가 필요하다. 이 장에서는 변화된 제도의 핵심을 구체적으로 짚고, 각 제도가 실제 입시에서 어떤 영향을 줄 것인지를 분석한다. 또한 대학별 전형 흐름을 읽고 수시와 정시의 전략을 재정립하는 방법을 제시한다. 더 이상 '모범 답안'이 없는 입시 환경에서, 자신만의 해석과 전략이 필요한 시대가 열린 것이다.

(1-1)

2028 대입제도 개편 핵심 요약

"변화는 구조가 아니라, 평가 방식 자체를 바꾼다."

2028학년도부터 고등학교 1학년이 되는 학생들은 완전히 새로운 대입 제도 아래서 교육받게 된다.

이번 개편의 핵심은 단지 수능이나 전형 방식의 변화에 그치지 않는다. 학생부 기록 구조, 내신 평가 방식, 대학의 평가 기준, 과목 선택의 전략성까지 '학습과 평가의 패러다임'이 근본적으로 달라진다.

핵심 변화 요약

항목	변경 전	변경 후 (2028학년도부터 적용)
내신 등급제	9등급 상대평가	5등급제 성취평가 (절대평가 성격)
고교 운영 방식	교사 중심 배정	고교학점제 전면 시행(학생 선택 중심)
학생부 구조	자유기술식 세특 + 종합의견	세특 중심 구조로 고정, 종합의견 폐지
수능 구조	선택과목 중심, 반영 구조 다양	통합형 수능 + 일부 과목 선택 유지

항목	변경 전	변경 후 (2028학년도부터 적용)
정시 평가 방식	수능 100% 또는 수능 + 교과	수능 + 학생부 정성 평가 병행 (대학 자율 결정)

입시 제도 흐름의 배경

2028 개편의 근본 취지는 단 하나다. "학생이 자기 진로를 탐색하고 그에 맞춰 과목을 선택하고 성취하는 과정 전체를 평가하겠다"는 것이다. 즉, '학습 결과'보다 '학습 과정'이 중심으로 옮겨가는 것이다.

이는 단순히 '정시'냐 '수시'냐의 문제가 아니다. 수시에서도 교과전형에 정성평가 요소가 들어가고, 정시에서도 학생부 기록을 활용하는 대학이 늘어난다. 즉, 전형 구분이 희미해지고, '종합형 평가 방식'이 모든 전형에 스며드는 것이 핵심이다.

주목 포인트

- 내신 변별력 약화 → 대학은 성취 비율, 원점수, 세특 기록을 종합적으로 평가
- 고교학점제의 자유도 확대 → 과목 선택 자체가 평가의 대상
- 세특 중심의 학생부 → 탐구 과정, 수업 태도, 성찰 중심 기록 필수
- 정시에서도 학생부 반영 비율 확대 → 수능만으로 승부 불가능

학부모와 학생이 반드시 알아야 할 핵심 메시지

모든 대학이 '과정'을 본다: 입시 준비는 과목 선택, 수업 참여, 활동 반영, 세특 기록이 모두 연결되어야 한다.

내신은 단순히 등수를 매기는 것이 아니라 '해석'하는 시대가 됐다: '등급'보다 '과목 선택 이유'와 '성취 과정'이 중요하다. 학종은 수시만의 전략이 아니다: 모든 전형에서 학종형 평가가 기본이 된다.

(1-2)

고교학점제와 대입의 연결 구조

등급 분포 변화 → 내신 변별력 약화?

많은 학부모와 학생이 "1등급이 많아지면 경쟁이 쉬워지지 않을까?" 기대하지만, 이는 착각이다.

성취기준은 학교마다 다르게 설정된다.

절대평가 방식이지만, 대학은 성취도별 비율을 평가에 반영한다.

성취도 A의 비율이 지나치게 높다면 '성적 부풀리기'로 간주해 대학이 감점하거나 평가 대상에서 제외할 수도 있다.

실제 사례로, 서울시의 한 고교는 1학년 1학기 수학 과목에서 A등급 비율이 85%에 달했다. 이로 인해 대학 평가 과정에서 "성취기준이 너무 낮다"고 판단되어 정량 평가에서 감점을 받았다.

평가 기준이 '등급'에서 '세특'으로 이동하고 있다

5등급제가 도입되면서 대학은 학생의 실제 역량을 정확히 파악하기 위해 다음 요소를 종합적으로 활용한다.

- 원점수: 학생의 실질적인 성취 수준을 비교 가능

- 성취 비율: 과목별 A/B/C 비율을 기준으로 변별력 판단

- 세부능력 및 특기사항(세특): 학생의 학습 태도, 사고력, 탐구 과정 등을 질적으로 평가

즉, 같은 A등급이라도 세특 기록에 따라 평가가 달라진다.

어떤 학생은 "탐구를 기획하고 발표까지 주도한 학생"으로 평가받고,

다른 학생은 "수업에 성실히 참여한 정도"로 기록된다.

이러한 세특의 차이가 최종 평가를 결정하게 된다.

대학들이 실제로 보는 '변별력 보완 요소'

요소	평가 방식	대학 활용 사례
성취 비율	A/B/C 등급 분포	고려대, 성균관대: 교과 정성평가 활용
원점수	중간·기말 합산 점수	한국외대: 등급과 원점수 중 유리한 쪽 선택 가능
세특 내용	질적 기록	서울대, 경희대: 학업 역량과 태도 중심 평가

학부모와 학생이 반드시 할 일

- '등급 따기'가 아니라 '과정 쌓기'에 집중해야 한다.

- 세특에 어떤 활동이 기록될지를 먼저 설계하라.

- 진로와 관련된 과목에서 A등급과 함께 깊이 있는 세특 기록을 확보하라.

- 탐구 활동 → 발표 → 성찰 → 교사의 기록을 유도하는 흐름을 만들

어라.

- 학교별 성취 기준을 정확히 파악해, 교사가 A와 B등급을 어떻게 구분하는지 알아야 전략적으로 대응할 수 있다.

(1-3)

고교학점제와 과목 선택의 전략화

"내가 선택한 과목이 곧 나를 말한다 – 선택 자체가 평가다."

고교학점제란?

고교학점제는 말 그대로 '고등학교 수업을 학점 단위로 운영하는 제도'다. 학생이 대학처럼 스스로 과목을 선택하고 일정 학점을 이수하면 졸업할 수 있다.

항목	설명
졸업 기준	총 192단위 (교과 174단위 + 창체 18단위)
필수 이수 과목	공통과목 및 일반선택 일부 과목
학생 선택권	진로와 흥미에 따라 과목 선택 가능
등급 반영	일부 과목은 등급 미산출 (블랭크 처리)

문제는 "자유로운 선택"이 아니라 "평가에 드러나는 선택"이다.

대학은 다음을 주의 깊게 평가한다:

- 선택한 과목이 진로와 연결되어 있는가?
- 과목 선택이 도전적인가?
- 해당 과목에서 실제로 성취와 탐구 활동이 이루어졌는가?

→ 선택 과목 자체가 입학사정관에게 보내는 메시지가 된다.

예시 비교: 같은 A등급이라도 평가가 다르다

사례	선택과목	진로	대학 평가
A학생	물리학 II	기계공학	도전적 선택 → 진로 연계도 높음 → 우수 평가
B학생	생명과학 I	기계공학	연계도 낮고 일반 과목 → 소극적 평가

고교학점제 전략의 3대 원칙

- 진로 연계성

  희망 전공에서 요구하는 과목을 우선 수강하라.

  서울대와 고려대 등 주요 대학은 이미 전공별 권장 과목표를 제공한다.

- 도전성

  같은 학과라도 쉬운 과목보다는 어려운 과목 선택을 대학이 선호한다.

  예: '확률과 통계'보다 '미적분 II'를 선택한 학생이 더 높은 평가를 받을 수 있다.

- 탐구 가능성

  세특과 보고서 작성이 가능한 과목을 중심으로 선택하라.

  융합과목, 프로젝트 과목, 실험 중심의 과목이 유리하다.

실제 전략 구성 예시: 인공지능 관련 진로

과목	선택 이유	평가 포인트
수학: 미적분 Ⅱ, 인공지능 수학	전공 연계, 도전성	공학계열 필수, 세특 기록 용이
정보, 데이터 과학	실습 중심, 프로젝트 탐구 가능	세특·보고서 구성에 유리
융합 선택: AI윤리, 기술과 사회	교양 + 진로 확장	공동체역량 어필 가능

고교학점제에서 반드시 피해야 할 선택

- 진로와 무관한 과목만 수강한 경우

  → 대학은 '왜 이 과목들을 선택했는가?'라는 질문을 던진다.

- 쉬운 과목만 선택해 1등급을 유지한 경우

  → 상위권 대학은 도전 의식 부족으로 간주한다.

- 높은 등급을 받았으나 세특 기록이나 활동이 없는 경우

  → 정성 평가에서 변별력을 잃는다.

(1-5)

수행평가·논·서술형 평가 확대의 의미

AI로 만든 과제로는 대학에 갈 수 없다. 대학이 평가하는 것은 바로 '생각의 흔적'이다.

최근 입시에서 수행평가 비중이 왜 커졌을까?

고교학점제와 5등급제가 도입되면서, 정량 평가만으로는 학생의 실제 역량을 파악하기 어려워졌다. 이에 따라 학교는 교과 수업에서 수행평가, 논·서술형 평가, 프로젝트형 과제 등을 통해 정성평가 요소를 확대하고 있다.

- 수행평가 비중 확대

  → 실제로 일부 고교는 평가 비율의 50% 이상을 수행평가로 반영

- 논·서술형 문항 중심 평가 확대

  → 단순 지식 암기가 아닌 개념 이해와 사고력 평가

- 발표, 보고서, 실험 과제 증가

  → 과정 중심의 학습 유도

대학은 수행평가에서 무엇을 평가하려 하는가?

- 지식이 아니라 '이해력'

  암기가 아닌 자신만의 해석과 적용 능력

- 표현력과 소통 능력

  논리적 서술 능력, 발표 능력, 협업 과정

- 탐구 과정

  문제 인식 → 자료 수집 → 실험·조사 → 결론 도출 → 성찰

AI 사용 여부 판단

기계적인 문장, 유사도 검사, 교사의 직관적 감지 가능

실제 수행평가 기준 (일반고 B고 사례)

항목	비중	평가 요소
탐구 기획	20%	주제 설정, 목표 명확성
과정 참여	30%	협업, 자료 수집, 실험 태도
보고서 작성	30%	논리성, 표현력, 결과 해석
발표 및 피드백	20%	발표 구성, 질의응답, 반성

이 기준은 곧 세특 기록의 기준이 되기도 한다.

논·서술형 평가에서 달라지는 출제 방향

항목	기존	변화 이후
국어	지문 이해	지문 분석 + 관점 비교 + 비판적 사고
수학	계산 중심	풀이 설명 중심, 사고 과정 제시 요구
사회·과학	암기 위주	자료 분석, 주장 근거화, 통계 해석

수행평가에서 실패하는 학생 유형

- AI에 전적으로 의존한 과제 제출

  → 탐구 목적·개인 관점 없음 → 금방 들통

- 보고서에 성찰 과정 없음

  → "무엇을 배웠는가" 빠짐

- 자료 수집만 하고 해석 부족

  → 단순 조사형 보고서에 그침

실전 대응 전략

- 주제는 '진로'와 연결하라

  예: 간호학 → 감염병 통계 분석, 기계공학 → 자율주행 회로 탐구

- 탐구 과정을 반드시 기록하라

  실패 → 수정 → 결과 → 성찰

- 보고서에 '나의 해석'과 '배운 점'을 반드시 명시하라

  → 단순한 요약은 의미가 없다

- AI 활용 시 초기 설계부터 통제하라

→ 질문의 흐름, 표현 방식, 내용의 순서를 모두 스스로 통제해야 유사
도 검사를 피할 수 있다

→ 질문의 흐름, 표현 방식, 내용의 순서를 모두 스스로 통제해야 유사
도 검사를 피할 수 있다

(1-6)

대학들이 진짜로 보는 평가 요소: 세특·성취·선택

"점수보다 기록, 기록보다 맥락 – 대학은 '근거가 있는 성장'만 뽑는다"

5등급제와 함께 변한 대학의 시선

이전엔 '내신 1.4 vs 1.6'처럼 소수점 경쟁이었지만, 5등급제에선 '1등급 10%'로 확대되며 정량 성적의 위력은 약해졌다. 대학은 이제 '누가 더 잘했나'가 아니라 '누가 더 진짜로 했나'를 본다.

항목	의미	평가 지점
세부능력 및 특기사항 (세특)	수업 참여 + 탐구 + 표현	활동 내용, 수준, 표현 방식
성취도 및 성취비율	절대평가 기준 성취 수준	A/B/C 비율, 원점수, 과목 평균
과목 선택	진로 연계 + 도전성	과목 구성의 맥락, 전공 연계성

세특: 활동의 증거 + 표현의 기술

- 대학은 "기록된 것만 본다"

단순 참여보다 '탐구 → 성장 → 성찰'이 담겨야 유리

- 교사의 기록 유도를 위한 학생의 요약문 제공이 핵심 전략

  예: "팀 프로젝트에서 문제를 제기하고, 데이터 분석을 주도했으며 발표를 통해 해결안을 제시함. 과정 중 실수에 대해 스스로 수정 계획을 제시한 점이 인상적임."

  → 단순히 "협력적임"보다 훨씬 강력한 평가 근거

성취도: A가 많아도 불리할 수 있다

- 대학은 "너무 많은 A = 성적 부풀리기"를 경계
- 학교 평균 성취도와 교내 성취 비율의 차이를 검토
- 원점수, 과목 평균, 표준편차 등 '깊은 수치'까지 분석

  예: 국가평가 A 비율: 30% / 학교 중간고사 A 비율: 85% → 불신 요소

과목 선택: 평가자는 선택의 맥락을 본다

- 진로와 무관하거나 쉬운 과목만 고른 경우 감점 요소
- 소인수 과목, 블랭크 과목 위주 구성도 의심 요인
- 과목 구성에 전략적 사고가 보이면 고평가

  예: '물리학 Ⅱ + 미적분 Ⅱ + 인공지능 수학' → 공학 진로 어필

  '생활과 윤리 + 인문통계' → 사회과학 진로 + 데이터 이해력 강조

실제 평가사례 분석 (서울 A대학 입학사정관 발언)

"학생부의 문장은 짧더라도 진짜 수업에 참여했는지, 어떤 탐구를 했는

지를 보면 다 드러납니다. 교과 세특과 선택과목 구성을 보면 지원자의 진심이 보여요."

실수 사례

항목	문제	결과
세특	"수업에 성실히 참여함"	성취도는 높아도 평가 근거 없음
성취도	A 다수지만 평균 90점	변별력 없음, 신뢰 낮음
과목 선택	전공과 무관한 쉬운 과목 선택	입학사정관이 맥락을 부정적으로 해석

(1-6)

내신·수능·학종의 실제 무게 중심 변화

"수능보다 중요한 것은 '어떻게 공부했는가'의 증거다."

왜 지금 입시의 핵심은 학생부종합전형인가?

대입 제도의 개편과 고교학점제의 전면 시행으로 인해, 전형의 명칭은 유지되지만 모든 전형이 사실상 '학생부종합전형화'되고 있다.

교과전형도 정성 평가를 병행

정시 역시 학생부 반영 비율 확대

논술·면접 평가도 세특과 과목 선택 평가 연계

→ 단순 수치 중심의 평가는 끝나고, 이제는 "학습 과정의 증거"를 우선시하는 평가로 변화

주요 전형별 무게 중심 변화

전형	과거 중심	현재·미래 중심	변화 요약
학생부 교과전형	내신 등급	내신+세특+과목 구성	실질적 학종화
학생부 종합전형	활동 중심	활동+교과+탐구	교과 이수의 충실도 강조
논술전형	수능+논술	수능+논술+세특	활동·과목 선택 참고 가능성 증가
정시	수능	수능+학생부 일부 반영	서울대·고려대 반영률 증가

무게 중심이 이동하는 이유

- 5등급제 도입으로 내신 변별력 약화
- 수능 난이도 하향 추세
- AI·표절 대응 위해 과정 중심 평가 확대
- 학생부 기록과 과목 선택으로 '학습 맥락'을 확인 가능
- 대학 입학 후 적응력 예측에는 '세특'이 가장 유효

지금 반드시 필요한 전략

항목	해야 할 일
내신	정량적 평가보다 '교과별 탐구+발표+보고서' 중심으로 수업에 참여
수능	절대 포기하지 않되, 특정 대학에서는 정시 비중이 낮으므로 전략적 접근
학생부	'탐구 → 표현 → 연계 → 성찰'의 구조적인 세특 설계가 핵심
과목 선택	진로와 연계한 도전적 과목 구성을 설계해야 평가점수 확보 가능

실제 적용 예시

- 내신: 국어 수업에서 문학비평 보고서 작성 후 발표 → 세특에 구체적 기록
- 수능: 정시 비중 높은 대학(고려대, 중앙대) 지원 예정 → 수능 학습 강화
- 학종: 과학+융합과목 선택 후 탐구 프로젝트 수행 및 성찰문 제출
- 과목 선택: 간호학 전공 희망 → '생명과학 II + 생활과 윤리' 선택

핵심 메시지

"성적"은 결과일 뿐이고, 진짜 평가받는 것은 "학생부 기록"이다. 2028학년도 입시는 단순 점수가 아니라 '어떻게 배웠는지'를 평가하는 방식으로 바뀌고 있다. 모든 입시 전형은 사실상 학종화되고 있으며, 이제 입시는 기록과 맥락의 전쟁이다.

2장

학생부와 세특 실전 전략

이제 학생부는 단순한 기록물이 아니라 입시의 성패를 결정짓는 핵심 무기다. 특히 세부능력 및 특기사항(세특)은 학생의 태도, 역량, 성장 가능성을 가장 진하게 담아내는 기록이다. 평가자는 세특에 기록된 한 문장에서 학생의 학업 수준, 진로에 대한 진정성, 탐구의 깊이, 인성까지 읽어낸다. 그래서 기록되는 단어 하나, 표현 하나가 평가의 결과를 좌우할 수 있다.

이 장에서는 교사가 세특을 작성할 때 어떤 기준을 적용하는지, 학생은 이를 유도하기 위해 어떤 준비를 해야 하는지를 실제 사례를 들어 구체적으로 안내한다. 또한 최근 더욱 중요해진 자기주도성, 전공 연계성, 활동 확장성을 중심으로 한 세특 기록 전략을 구체적으로 제시한다.

성공적인 학생부는 전략적으로 설계한 구조 위에 학생 자신의 주체성을 명확하게 올려 세운 결과물이다. 세특은 단순한 기록이 아니라, 학생 역량을 입증하는 확실한 증거임을 기억해야 한다.

세특 기록의 구조와 최신 평가 흐름

교과 세특은 단순한 메모가 아니다. 학생의 학습 존재감을 보여주는 공식적인 평가 문장이다.

세특(세부능력 및 특기사항)의 역할

- 학생부에서 가장 중요한 정성 평가의 근거
- 수업 중 학생의 태도, 탐구 과정, 표현력, 성찰 정도를 종합적으로 기록
- 대학은 이를 통해 학업역량, 자기주도성, 공동체성, 진로 연계성을 평가함

세특의 기본 기록 구조

- 수업 참여 태도

  → 집중력, 질문 빈도, 협업 태도, 과제 성실도 등
- 탐구 및 표현 활동

→ 실험, 프로젝트, 발표, 보고서, 토론 참여

- 학습 성과와 성찰

    → 지식 습득, 비판적 사고, 문제 해결력, 자기 성찰

- 확장과 연계 활동

    → 동아리, 독서, 진로 관련 과목 및 외부 활동 연계

대학이 실제로 보는 세특의 핵심 포인트

대학	평가 요소	특징
서울대	과목 선택 이유 + 탐구의 깊이	진로 연계와 문제 해결 능력 중시
연세대	탐구 + 태도 + 성찰	표현력과 지적 확장성을 강조
고려대	발표 + 프로젝트	수업 기여도 및 리더십 역량 가시화
성균관대	협업 + 실행력	공동 과제 주도력과 실적 중심 평가

세특에서 불리한 평가를 받는 10가지 실제 사례

유형	예시 문장	문제점	평가자의 해석
1. 추상형	"성실하게 수업에 임함"	누구나 쓸 수 있는 표현	진위 판단 불가능, 실적 없음
2. 복사형	"적극적으로 발표하고 협력함"	개별 학생 특성 미반영	무성의한 기록, 교사의 노력 부족
3. 일회성	"과제를 제출함"	탐구·성찰·연계 과정 누락	수행 과정 생략 → 성과 미비
4. 피동형	"토론에 참여되었음"	능동적 주체성 부재	주도성 부족, 수동적 태도

유형	예시 문장	문제점	평가자의 해석
5. 단답형	"실험에 참여함"	상세 설명 부족	평가에 부족한 형식적 기록
6. 연계 단절형	"동아리 활동을 소개함"	교과와 활동의 단절	진로 및 과목 연계성 없음
7. 과장·수사형	"탁월한 지식과 리더십을 보임"	증거 없는 주관적 표현	평가 근거 부족, 감점 요인
8. 나열형	"과제 수행, 발표, 보고서를 제출함"	과정 없이 결과만 나열	평가 불가능, 단순 기술에 그침
9. 전형적 표현	"학습 태도가 모범적임"	의미 없는 일반적 표현	탐구·표현력 등 핵심 정보 누락
10. 평가자 중심형	"학생이 지도에 잘 따름"	학생 주도성 결여	자기주도성 미표현, 교사 중심 기록

실제 리라이팅 예시

기존 표현	개선 표현
"과제를 잘 수행함"	"인공지능 알고리즘 적용 방법을 조사하여 보고서를 작성하고, 실제 활용 사례를 발표함"
"수업에 열정적으로 임함"	"수업 중 질문을 통해 논리적 의문을 제기하고, 피드백을 받아 탐구 방향을 스스로 재설계함"

세특 작성 핵심 요약

세특은 교사의 메모가 아니라 대학 평가자에게 보내는 공식적인 평가 문장이다. 무엇을, 왜, 어떻게 수행했고, 어떤 결과가 나왔으며, 어떻게 성찰했는지를 명확히 담아야 한다. 학생 주도 요약문 작성 전략이 모든 세특의 출발점이다.

(2-2)

세특 작성 전략:
교사의 기록을 유도하는 학생의 기술

핵심 메시지

학생부종합전형 시대, 세특은 '쓰여지는 것'이 아니라 '쓰이게 만들어야' 한다. 교사가 스스로 적극적으로 기록하지 않을 경우, 학생이 먼저 '설계도'를 제공해야 한다.

세특 요약문 작성 5문장 공식 (실전형)

순서	문장 요소	작성 질문	작성 포인트
1	무엇을 했는가?	어떤 활동을 했나?	구체적인 활동명(실험, 조사, 토론 등)을 명시
2	왜 했는가?	왜 이 활동을 했나?	진로 연계성, 과목 연관성, 탐구 목적 강조
3	어떻게 했는가?	활동 과정은 무엇인가?	자료 조사, 발표, 실험 설계 등 핵심 과정을 상세히 서술
4	무엇을 배웠는가?	핵심 학습 내용은 무엇인가?	단순 결과가 아니라 개념 이해나 성장 경험을 중심으로 작성
5	어떻게 확장할 것인가?	이후 계획은 무엇인가?	다음 활동, 과목, 독서, 진로 방향 등과 연결하여 작성

5문장을 스토리텔링의 흐름으로 구성하되, 교과 관련 키워드를 반드시 삽입한다.

→ 교사가 세특 기록 시 바로 사용할 수 있을 만큼 구체적이고 부담 없는 글이어야 한다.

실전 예시 1 (물리학 전공 희망 학생)

항목	내용
무엇	LED 회로 설계 실험에 참여
왜	반도체 관련 전공 희망으로 전류 흐름 원리 이해 목적
어떻게	옴의 법칙을 검증하고 회로를 설계, 오류 발생 시 재실험 진행
배운 점	전류 흐름의 비선형성 이해, 회로 설계의 기초 역량 습득
확장	로봇공학 관련 과목과 연계하여 자율주행 회로 탐구 계획

실전 예시 2 (정치외교학 전공 희망 학생)

항목	내용
무엇	'국제 분쟁과 평화' 주제로 팀 토론 발표 수행
왜	국제기구와 한반도 외교 문제에 대한 관심에서 출발
어떻게	UN 사례를 분석하여 분쟁 해결안을 제안하고 반론을 정리

항목	내용
배운 점	다자주의 외교의 한계와 현실적 외교 전략의 필요성 이해
확장	국제정치 관련 논문 분석과 외교관 진로 탐색 예정

실전 예시 3 (수의학 전공 희망 학생)

항목	내용
무엇	동물 혈액 응고 실험 및 항응고제 효과 비교 실험 참여
왜	혈액 질환과 수의 진료 실무 원리를 이해하기 위해 수행
어떻게	pH, 온도 조건 변화에 따른 혈액 응고 시간 측정 실험 진행
배운 점	혈액 효소 반응의 민감성 및 약물 간의 효과 차이점 학습
확장	약리학 기초 교과 탐색 및 동물보건 관련 동아리 활동과 연계

요약문이 세특 기록으로 연결되는 과정

- 요약문 제출 전:

  활동의 목적과 의미를 교사에게 짧게 설명

  → 교사가 세특 기록 시 구조를 이해하도록 유도

- 요약문 제출 후:

  생기부 마감 전에 다시 한번 기록 반영 요청

  (예: "선생님, 저번에 드린 내용 참고 부탁드립니다. 감사합니다.")

교사 유형별 세특 대응 전략

유형	교사의 특징	세특 기록 방식	학생의 대응 전략
유형 A (적극형)	평소 학생의 관심사에 민감하며 세특 기록에 적극적	보고서·발표 중심, 구체적 서술형	- 활동만 충실히 수행해도 자동 반영 - 발표·탐구 성실히 수행 - 보고서 요약본을 간단히 제출
유형 B (수동형)	세특 기록에 관심이 적고 기본 포맷만 유지	일괄적·단답형, 정량 평가 중심	- 요약문 필수 제출 - 수업 후 개인 피드백 요청 - 교사와 개별적으로 탐구 목적 및 진로 연결성 강조
유형 C (보수적·부정형)	세특 작성 자체를 귀찮아하거나 탐구 활동의 가치를 낮게 봄	"수업에 성실히 참여함" 수준으로 간략히 마무리	- 보고서와 요약문을 함께 제출 - 정량+정성+진로 연계성을 모두 포함하여 작성 - 기초이론, 탐구 동기, 실행 과정을 논리적으로 구성하여 제출 - 제출 시 교사에게 부담을 주지 않도록 "자료 참고하셔서 간략하게 반영해주시면 됩니다"와 같은 배려의 표현 사용
유형 D (객관적·결과중심형)	성적 및 결과 중심 평가, 태도보다는 정량 평가 중시	수행 점수와 지필 성적 비중 높음	- 과제 성적 대비 탐구 배경과 자세를 강조한 요약문 제출 - 보고서에 '탐구 목적 → 과정 → 결론 → 교과 확장' 구조 필수 포함 - 발표·토론 등 교과 외 활동도 논리적으로 설득하여 반영 요청

유형별 요약문 작성 방법

- 유형 A (적극형 교사)

  → 간단한 정리만으로도 보완 가능

  → 발표 전후에 핵심 요약을 제출하면 반영률이 높아짐

- 유형 B (수동형 교사)

  → 최소 3문단 이상의 서술형 요약문 필요

  → 문제 해결력, 협업 능력, 성찰 등 평가 포인트 명시 필수

- 유형 C (보수형 교사)

  → 간결하면서 진로 연계성을 명확하게 강조해야 함

  → "교과 수업과 진로 탐색을 연결하려고 고민했습니다"와 같은 부담 없는 표현을 추천

- 유형 D (객관적·결과중심형 교사)

  → 수치로 나타난 성과는 반드시 포함하고, 과정과 변화 중심으로 보완

사례 비교 (보수형 교사 대응 요약문)

- 단순 요약 (미반영 가능성 높음)

  "해당 수업에서 팀 실험을 수행하고 결과를 보고서로 작성함."

- 전략적 요약 (반영 가능성 높음)

  "분자 운동 주제에 관심을 갖고 실험 과정에서 추가 변인을 제안하여 실험 설계를 보완했으며, 오류 분석을 통해 재실험하여 정확도를 높임. 해당 활동은 화학과 진로 연계성이 높으며, 보고서에는 자기 성찰 내용을 포함함."

세특 실전 운영 전략: 교사의 기록을 유도하는 설계와 실천

핵심 메시지

세특은 '기록이 되느냐 마느냐'의 문제가 아니다.

'어떻게 기록되는가'가 합격과 불합격을 가른다.

교사의 입장에서 움직여야 원하는 기록이 남는다.

교사의 세특 기록을 유도하는 실천 전략

단계	구체적 실천 사항
1 활동 전	간단한 계획서 제출 (주제, 진로 연계성, 기대 효과를 명확히 간단히 정리)
2 수업 중	질문 최소 1회, 발표 최소 1회 참여 (인상적이고 적극적인 참여 필수)
3 활동 후	5문장 요약문 + 간단한 설명문 제출 (느낀 점 및 후속 계획 포함)

단계	구체적 실천 사항
4 과목 배분	활동 주제를 교과별로 분산하여 세특 전면에 기록될 수 있도록 구성
5 커뮤니케이션	요약문 전달 후, 교사에게 "보완 의견 부탁드립니다" 등의 메시지 전달
6 확장성 강조	탐구 활동 후 다음 활동으로의 연계 가능성을 구체적으로 제시

5문장 요약문 공식 (정교화 버전)

	문장 요소	작성 질문	작성 포인트
1	무엇을 했는가?	어떤 활동을 했나?	활동명, 주제 등을 구체적으로 명시
2	왜 했는가?	왜 이 활동을 수행했는가?	진로, 관심 분야, 과목 연계성 및 탐구 목적을 강조
3	어떻게 했는가?	구체적으로 어떻게 진행했나?	자료 조사, 발표, 실험 과정 등 핵심 활동을 상세히 서술
4	무엇을 배웠는가?	핵심적으로 얻은 것은 무엇인가?	개념적 깨달음, 역량 강화 및 성장 경험을 중심으로 작성
5	어떻게 확장할 것인가?	이후 계획은 무엇인가?	이후 활동, 관련 과목, 독서, 진로 방향과의 연결을 명시

실전 예시 1 (정치외교학과 희망)

항목	내용
무엇	'국제 분쟁과 평화' 주제로 팀 토론 및 발표 수행
왜	UN과 국제기구의 역할에 관심이 많아 실질적 사례를 탐구

항목	내용
어떻게	UN 사례 자료 조사 → 입장 정리 → 반대 의견과 논리적 대립 → 결론 도출
배운 점	다자외교의 한계와 현실적 외교 전략의 필요성을 체감
확장	국제법 관련 논문 독서 및 모의유엔 활동으로 확장할 계획

실전 예시 2 (수의학과 희망)

항목	내용
무엇	동물 혈액 응고 실험을 통한 항응고제 효과 비교 실험 수행
왜	혈액 질환과 수의 진료에서 활용되는 기초 원리를 탐구하고자 함
어떻게	pH와 온도 등 다양한 조건에서 혈액 응고 시간을 측정하여 결과를 도출
배운 점	혈액 효소 반응의 민감성과 약물 간 효과 차이를 깊이 이해
확장	약리학 기초 과목 탐색과 동물보건 동아리 활동으로 추가 연계 계획

실전예시 3 (실패 → 보완 → 성공 사례, 심리학과 희망)

항목	실패 요약문	보완 요약문
무엇	스트룹 테스트 실험 참여	인지심리 주제 '스트룹 효과' 실험 설계 및 결과 분석
왜	수업에서 진행	반응 속도와 인지 편향의 관계에 관심이 생겨 수행
어떻게	결과만 단순히 기록	자료 조사 → 반응 측정 → 시각화하여 발표

항목	실패 요약문	보완 요약문
배운 점	실험이 흥미로웠음	통계 분석을 통한 사고력과 심리 현상 이해의 중요성 체감
확장	없음	향후 인지심리학 관련 독서 및 추가 실험 활동 계획

실전예시 4 (실패 → 보완 → 성공 사례, 식품영양학과 희망)

항목	실패 요약문	보완 요약문
무엇	비타민C 조리 실험 참여	조리법에 따른 비타민C 파괴 정도 실험 및 분석 수행
왜	수업에서 진행	항산화 성분 유지에 관심을 가지고 기초적인 실험 수행
어떻게	단순히 관찰만 기록	조리 조건별로 데이터를 기록, 시트 및 그래프를 활용하여 발표
배운 점	가열하면 줄어듦 정도만 기록	조리 온도와 시간 조건이 비타민C 보존에 중요한 것을 이해
확장	없음	영양학 관련 동아리 활동과 연계하여 추가 실험 수행 계획

실전: 입시에서 살아남는 세특 설계 요령

- '스스로 움직인 흔적'을 명확히 담아라.

    → "선생님이 지시한 대로 했다"는 평가에 불리하다.

    → 학생이 스스로 주도하고 제안한 흔적이 핵심이다.

- 활동 목적은 구체적이고 명확하게 제시하라.

    → 진로 연계성, 선행 학습 개념 적용, 학과 탐색 등 구체적인 사유를 중

심으로 작성해야 한다.

→ 단순히 '흥미' 표현은 평가에 부족하다.

- 탐구 과정과 성찰을 명확히 연결하라.

→ 단순히 "했다"가 아니라 "왜 했고, 어떻게 했고, 무엇을 배웠으며, 어떻게 확장할 것인가"의 흐름을 분명히 기록해야 좋은 평가를 받는다.

- 교사의 언어로 재구성하여 제시하라.

→ "관찰했다" → "비교 분석 역량을 바탕으로 세심하게 관찰했다"

→ "좋았다" → "진로 연계 의식을 갖고 탐구 활동에 적극적으로 참여했다"

- 스토리텔링 구조를 적극 활용하라.

→ 활동 → 문제 상황(갈등) → 해결 → 성찰 → 확장

→ 실제 입학사정관은 이 구조를 통해 '자기주도성'을 평가한다.

(2-4)

교과별 세특 설계 전략

세특은 교과의 특성을 타고 움직인다. 모든 교과에 진로의 언어를 명확히 입혀라.

국어 – 독서력과 표현력의 진화

전략 요소	실전 적용 사례
탐구 주제	고전 문학과 현대 윤리의 충돌 탐구 (국문·철학 진로와 연계)
탐구 방법	소논문 작성, 발표, 논술형 문항 해석 과정 포함
세특 유도 팁	발표·글쓰기 전 구체적 계획서 제출, '기획자'로서 주도적 참여 강조
실전 예시	"한국 문학 속 여성상의 변화 분석 -『토지』를 중심으로" 발표 및 토론

과학 – 실험 설계와 자료 분석 중심

전략 요소	실전 적용 사례
탐구 주제	전기 회로의 전압 변화 측정 (전자공학 진로 연계)

전략 요소	실전 적용 사례
탐구 방법	실험 설계 → 오류 수정 → 발표 또는 포스터 제작
세특 유도 팁	실험 설계의 주도성 강조, 결과 해석에 통계적 자료 활용
실전 예시	"LED의 저항값 변화에 따른 광도 변화 비교 실험" 보고서 제출 후 요약문 제공

수학 – 문제 해결력보다 '의미 해석력'

전략 요소	실전 적용 사례
탐구 주제	통계적 오류와 여론조사의 한계 (사회과학 진로 연계)
탐구 방법	실생활 통계 자료를 직접 수집하여 분석
세특 유도 팁	결과 분석 후, 정책 제안 등 확장적이고 실질적인 논의를 추가
실전 예시	"지역별 청소년 여론조사 결과의 표본 오차 분석 및 보정 방법 제시" 보고서 제출

수학 서술형 풀이법 강조

서술형 풀이 과정에서 수학적 사고의 흐름을 분명히 기록

"이 문제를 왜 이 방식으로 풀었는지" 사고 과정 명시

수학 교과의 세특에는 '접근 방식', '오류 검토', '논리적 설명력'을 반드시 포함

사회 – 시사 자료 및 탐구의 대표 교과

전략 요소	실전 적용 사례
탐구 주제	지역 불균형과 지방소멸 문제 탐구 (행정학·정책학 진로 연계)
탐구 방법	신문 기사 분석 → 정책 비교 → 대안 제안 발표
세특 유도 팁	뉴스 및 정책 자료를 적극적으로 인용하여 발표
실전 예시	"소멸위험지역의 정책 비교 및 인구회복 방안 제안" 토론 후 보고서 제출

영어 – 실전 활용과 발표 중심

전략 요소	실전 적용 사례
탐구 주제	인공지능 관련 TED 강연 분석 (AI·정보학 진로 연계)
탐구 방법	원서·영상 자료 분석 → 소그룹 토론 및 발표
세특 유도 팁	진로 관련 원서나 영상을 학생이 직접 선택하여 주도성 강조
실전 예시	"The Age of AI" TED 강연 영상 분석 발표 및 후속 독서 활동과 연계

※ 영어 진로별 원서 추천은 5장의 진로 설계 부록을 참고하라.

예체능 – 작품 제작과 감상 중심

전략 요소	실전 적용 사례
탐구 주제	미디어 아트와 사회운동의 연결 (디자인·영상 진로 연계)
탐구 방법	프로젝트 제작 후 전시회 참여

전략 요소	실전 적용 사례
세특 유도 팁	작품 제작 과정 중 문제 해결 사례와 창의성을 구체적으로 기록
실전 예시	"탄소중립 주제를 활용한 인터랙티브 미디어 아트 기획" 프로젝트 수행 및 보고서 제출

☼ TIP

교과별 세특 분산 전략 (구체적 예시 포함)

전략 구분	실전 설명	구체적 예시
1 진로 주제 분산	같은 진로 주제를 여러 교과에서 다루되, 방법을 다르게 설정	AI 보안 전문가 희망 학생 → 수학: 암호 알고리즘 / 과학: 양자암호 / 정보: 해킹 방지 기술
2 활동 방식 분산	교과마다 보고서, 토론, 발표, 실험 등 표현 방식을 다르게 설정	국어: AI 관련 소설 분석 및 독서감상문 작성 과학: AI의 뇌파 응답 실험 보고서 작성 영어: 'AI & Ethics' TED 강연 분석 발표
3 성찰 키워드 차별화	교과 특성에 따라 평가 역량을 다르게 강조	수학: 논리적 사고력, 문제해결력 과학: 실험 설계, 관찰력 사회: 비판적 사고력, 시사 통찰력 예체능: 창의성, 협업 능력

교과별 추천 세특 키워드 조합 예시

교과	추천 세특 키워드
국어	분석력, 문해력, 표현력, 설득력

교과	추천 세특 키워드
영어	발표력, 독해력, 국제 이슈 이해력
수학	논리력, 수리 사고력, 자료 분석력
과학	실험 설계력, 가설 검증 능력, 융합 사고력
사회	시사 통찰력, 문제 인식 능력, 비판적 사고력
정보	알고리즘 설계 능력, 프로그래밍 역량
예체능	창의적 기획력, 조형 능력, 예술적 해석력

2-5

자기소개서와 면접 실전 전략

대학은 '읽기 쉬운 자기소개서'와 '기억에 남는 면접 답변'을 원한다. 항상 평가자의 입장에서 전략을 구성해야 한다.

자기소개서의 현재 위치

- 2024학년도부터 공식적인 자기소개서는 폐지됨
- 서울대 등 주요 대학은 여전히 자율 문항 또는 추천서 기반 확인 서류를 활용하고 있음
- 수시 전형 비율이 60% 이상인 현실에서 자기소개서의 변형된 형태는 계속 유지될 전망

평가자의 입장에서 본 자기소개서

→ 자기소개서는 활동의 맥락과 연결성, 성장의 과정을 파악하는 중요한 문서

→ 잘 작성된 자기소개서 하나가 서류 평가의 설득력을 높인다

자기소개서 3단 구성 전략: "과정 + 성찰 + 확장"

구성 요소	설명	실전 팁
1 활동 내용	무엇을 했는지, 계기, 참여 방법 서술	장소, 기간, 역할 등을 명확히 언급
2 성찰과 배운 점	활동 과정 중 깨달은 점과 변화 서술	단순한 감정보다는 구체적 변화와 성장을 언급
3 미래 확장	이 경험이 진로와 학업에 미친 영향 서술	전공과 진로 탐색 과정에서 구체적 영향 강조

실전 예시 (생명과학 진로)

"고1 여름방학에 교내 생물 동아리에서 '탄저균의 감염 경로 분석'을 주제로 실험과 발표를 진행했습니다. 논문 자료와 보건복지부 질병관리청의 공식 자료를 바탕으로 자료를 조사하고 분석했습니다. 실험 과정 중 예상치 못한 변수(온도 변화)로 인해 결과가 왜곡되는 문제를 겪었습니다. 이 과정에서 정확한 실험 설계와 변수 통제의 중요성을 명확히 이해할 수 있었고, 이후 고2 진로 선택 과목인 '생명과학 실험'을 선택하여 더욱 심화된 실험 설계를 진행했습니다."

분석

- 활동의 목적과 과정이 매우 명확함
- 실제 실패 사례와 그 과정에서의 깨달음을 구체적으로 표현함
- 진로와 과목 선택까지 연결되어 명확한 성장 서사를 제공함

면접 전략: "기억에 남는 말 한 줄"

면접은 자기소개서 + 세특 + 활동 기록을 '구조화하여 검증'하는 과정이다.

→ 단답형 답변보다 구체적인 경험을 바탕으로 평가자의 기억에 남는 말을 만들어야 한다.

실전 면접 답변 구성 공식: STAR 구조

항목	질문 예시	답변 구성 예시
S (상황)	"협업했던 경험이 있나요?"	"과학동아리 팀 프로젝트에 참여했을 때…"
T (과제)	"당시 맡은 역할은 무엇인가요?"	"자료조사와 발표 PPT 제작을 담당했습니다…"
A (행동)	"어떻게 해결했나요?"	"자료 중복 문제로 팀원과 조율이 필요했는데…"
R (결과)	"결과는 어땠나요?"	"팀원들을 설득해 자료를 통합했고, 발표에서 좋은 평가를 받았습니다."

면접에서 자주 묻는 질문 유형과 대응 전략

유형	질문 예시	대응 전략
진로 동기	"왜 이 전공을 선택했나요?"	초·중학교 계기와 고등학교 활동 연결 강조
탐구 경험	"인상 깊었던 탐구 활동은 무엇인가요?"	탐구 주제와 과정, 문제해결력 구체적 언급
세특 확인	"과학 세특 중 가장 기억에 남는 활동은?"	성취도, 성찰, 진로 연계성을 명확히 설명
협업 경험	"갈등 상황을 해결한 경험이 있나요?"	STAR 구조를 활용하여 경험과 배운 점 강조
추론 질문	"본인이 연구자라면 어떤 실험을 하고 싶은가?"	전공과 연계된 아이디어로 논리적 답변 제공

면접 실전 체크리스트

- 세특, 자기소개서, 면접 답변 간의 논리적 연결성 확보
- 진로와 관련된 키워드를 반복적으로 강조
- 답변은 '간결한 서사'와 '구체적 경험'을 반드시 포함
- 예상 질문 리스트를 최소 20개 이상 작성하고 반복 연습

☀**TIP**

예상 질문에 대한 셀프 트레이닝 방법

- 본인의 활동 리스트를 작성
- 각 활동별로 예상되는 질문을 3가지씩 구성
- STAR 구조로 답변을 연습
- 친구 또는 학부모 앞에서 여러 번 반복적으로 발표 연습 실시

평가자의 시선에서 본 세특 설계 체크리스트

"세특은 단순한 텍스트가 아니라 신호다. 평가자가 무엇을 읽도록 할 것인가가 핵심이다."

평가자가 중요하게 보는 세특의 핵심 3요소

항목	평가자가 확인하려는 포인트	평가 기준
1 학업 역량	개념 이해력, 응용력, 수업 참여 태도	수업 중 질문, 토론, 보고서 등의 내용
2 진로 연계성	선택 과목과 진로 간의 연결성	과목 선택의 이유 및 탐구 주제의 방향성
3 공동체·소통역량	발표력, 협업력, 타인의 의견 수용력	조별 활동, 발표 태도, 상호 피드백 등

※ 단순히 기록된 내용보다 평가 가능성 있는 내용이 중요하다.

평가자가 경계하는 세특 유형 (실제 실패 사례 분석)

문제 유형	예시 표현	문제점 및 평가자의 해석
1 너무 모호한 서술	"성실히 참여함"	모든 학생에게 적용 가능한 표현 → 차별성 없음
2 진로·과목 연계 미흡	"실험을 잘 수행함"	어떤 실험인지, 진로와 어떻게 연결되는지 불명확
3 결과 중심 서술	"발표를 마무리함"	과정 및 배운 점이 없음 → 평가 지표가 부족

세특 실전 점검 체크리스트

항목	체크 질문	예 / 아니오
활동의 목적이 뚜렷한가?	이 활동을 왜 했는지 이유가 명확히 보이는가?	□ / □
활동 방식이 구체적인가?	무엇을 어떻게 수행했는지 구체적으로 기록했는가?	□ / □
결과와 성찰이 포함되어 있는가?	무엇을 배웠고 어떻게 변화했는가?	□ / □
진로 방향성과 연결되는가?	이 활동이 향후 희망 전공과 명확히 연결되는가?	□ / □
협력적·발표 활동이 드러나는가?	혼자가 아니라 팀과 상호작용한 흔적이 있는가?	□ / □

→ 최소 4개 이상에서 "예"가 나오지 않으면 반드시 재작성 필요.

세특 설계 실전 프레임 (학기 초 준비용)

목표: 세특 기록 가능성이 높은 활동을 미리 선별하고 자료를 축적하는 전략

- 1학기 시작 전 과목별 진로 연결 계획 수립

국어 → 논술, 인문학

수학 → 통계학, 금융공학

과학 → 의대, 생명공학 등

- 예상 탐구 주제 설정

  교과서 또는 실험 예제에서 탐구 주제 도출

  신문·논문 등 시의성 높은 자료 활용 적극 권장

- 과목별 협업 가능한 활동 미리 파악

  조별 프로젝트, 발표 수업, 보고서 작성 등 미리 구상

- 자료화 전략

  활동 후 바로 요약문(5문장 구조) 작성

  PPT, 실험노트, 보고서 등 관련 자료를 체계적으로 보관

※ TIP

교과 담당 교사 유형에 따른 접근 전략

교사 유형	특징	대응 전략
1 적극형	학생과 소통 활발, 세특 기록 의욕적	수시로 진로·활동 공유하고 요약문을 적극 제출
2 소극형	평가에만 충실, 기록에는 소극적	활동 결과를 요약 정리하여 수업 후 성실하게 전달
3 관리자형	교무 중심, 정량 평가 중심	수행평가 점수 및 결과물을 기반으로 기록 반영 요청
4 공정중시형	평등을 강조하고 기록 일관성 추구	활동의 타당한 근거와 객관적 내용을 중심으로 구성하여 제시

→ 교사 유형에 따라 기록 설계 방식이 달라야 세특 반영률이 높아진다.

정리

- 세특 기록은 단순히 잘 쓰는 기술이 아니라, 교사에 의해 기록되도록 유도하는 기술이다.
- 대학 평가자는 결국 "이 학생이 대학에서도 성장할 가능성이 있는가?"를 묻는다.
- '맥락'과 '탐구' 그리고 '진로 방향성'이 명확히 드러난 기록만이 최종 평가에 유리하다.

3장

탐구활동 및 수행평가 전략

탐구활동은 단순한 과제가 아니다. 학생의 문제해결 역량, 진로에 대한 관심도, 자기주도 학습 능력을 입증하는 결정적인 증거다. 수행평가 비중이 점점 높아지고 있는 최근의 입시 환경에서 탐구활동은 학생부 기록뿐 아니라 실제 성적에도 직접적으로 영향을 미친다. 특히 AI를 활용한 표절 우려가 높아진 요즘, 대학은 탐구 결과물의 '진정성'을 더욱 철저히 검증하기 시작했다.

이 장에서는 탐구 주제 선정 전략, 보고서 작성법, 교내외 활동 연결 전략, 수행평가 대응 방법을 구체적이고 단계적으로 안내한다. 또한 교사가 실제로 중요하게 생각하는 탐구의 핵심 포인트와 이를 세특으로 기록하도록 유도하는 방법을 현실적인 사례와 함께 정리한다. 탐구활동은 더 이상 선택이 아니라, 입시의 필수 영역이다. '남과 다른 관점'과 '깊이 있는 실행'만이 입시에서 진정한 경쟁력을 가질 수 있다.

(3-1)

탐구활동의 기준과 학교 밖 활동 인정 범위

탐구활동이 중요한 이유

고교학점제 시대, '무엇을 어떻게 공부했는지'를 입증하는 가장 중요한 지표가 탐구활동이다. 대학은 단순 지식 암기보다 탐구력과 문제 해결력, 자기주도적 학습 능력을 중시한다. AI 과제 활용이 보편화된 현재, 실제 탐색하고 사고한 흔적이 입시의 당락을 좌우한다.

학교 밖 활동 vs 학교 안 활동의 결정적 차이

구분	생기부 기재 가능 여부	주의 사항
학교 안 활동 (교과, 동아리, 창체)	가능	교사의 지도와 참여 필수
학교 밖 활동(사교육, 개인 활동)	불가능	학교장 승인 있어도 현실적으로 거의 기재 불가

학교장 승인 탐구 활동이 기재되기 위한 조건

- 지도교사의 확인 → 교육적 필요성 판단
- 학교장의 서면 승인 필수 → 수업과의 연계성을 반드시 강조

- 실제 학교 현장에서는 승인이 매우 드물고 기재 또한 거의 불가능함

창의적 체험활동 영역별 탐구활동 예시

활동 유형	탐구 주제 예시	구체적 내용	입시 활용 포인트
진로활동	반도체 산업의 미래	관련 강의 수강 → 산업 동향 분석 → 보고서 제출	전공 연계 탐구, 자기주도적 학습 능력
자율활동	지역 환경 문제 해결 캠페인	하천 수질 조사 → 개선 방안 발표	사회과학 및 시사 이슈와 연계
진로활동	심리학과 직무 탐색	상담사 특강 청취 → 실제 사례 분석 및 발표	인문계열 진로 탐구 능력
자율활동	AI 챗봇 활용 발표	ChatGPT 분석 → PPT 제작 → 발표	디지털 소양과 탐구력 강조
진로활동	공공정책 제안 토론	모의 정책 회의 참여 → 정책 문안 작성	논리적 사고력 및 시사 감각 평가

학생부 기록 기준 요약 정리

기록 가능 조건	구체적 예시
정규 수업 중 활동	과학 실험, 보고서 작성 등
정규 동아리 활동	사회 문제 분석, 독서 세미나 등
창의적 체험활동	진로 탐색 보고서, 공공 캠페인 등
공동교육과정 참여	타교 과목 이수 및 관련 산출물 제출

단, '사설 활동'이나 '가정 과제'는 기록되지 않는다. 반드시 교사의 지도와 피드백이 있어야 하며, 공식적인 시간표 내 활동이어야 한다.

탐구활동 핵심 전략 요약

- 탐구활동은 반드시 학교 내에서 교사와 함께 기획하고 수행해야만 학생부에 기록될 수 있다.
- AI 활용이 일상화될수록 '과정 중심'의 탐구와, 이를 증명할 수 있는 산출물이 필수적이다.
- 보고서, 요약문, 발표 자료 등 활동 결과물을 철저히 기록하고 반드시 교사에게 제출해야 한다.
- 창의적 체험활동은 진로와 직접 연결된 활동을 중심으로 참여해야 효과적이다.

탐구 주제 선정의 3대 원칙과 실전 사례

탐구 주제 선정의 가장 중요한 3가지 기준

원칙	설명	핵심 포인트
1 전공 연계성	자신의 희망 전공과 직접적으로 연결되어야 한다.	대학은 '진로 연계성'을 중요하게 평가함
2 시의성	현재 사회적으로 이슈가 되는 주제여야 한다.	시대 감각, 문제의식, 뉴스 기반 사고 강조
3 탐구 가능성	고교 수준에서 자료 조사·실험·분석이 가능해야 한다.	탐구 주제의 범위와 실행 가능성을 고려함

각 기준의 구체적 설명

- 전공 연계성

  전공 관련 교과를 명확히 연결할 것 (예: 물리학 전공 → 물리, 수학 탐구)

  전공 관련 활동을 명확히 연계할 것 (예: 간호학 → 생명과학, 공공보건 탐구)

대학 전형자료의 계열별 권장 활동을 적극 참고할 것

- 시의성

최근 주목받는 산업·사회 문제를 탐구할 것 (예: AI 윤리, 환경 생태계 등)

언론 보도, 국책과제, 국제 보고서에서 탐구할 키워드를 도출할 것

예시: '2025 미래직업보고서'의 내용을 기반으로 주제 선정 가능

탐구 가능성

- 고등학생이 직접 조사하거나 실험할 수 있는 현실적 주제인지 반드시 확인할 것
- 학교 수업이나 도서관, 공공 데이터베이스에서 자료 확보 가능성을 사전에 점검할 것
- 과도한 전문성을 요구하는 주제는 피할 것

실전 예시

- 희망 진로: AI 보안 전문가
- 전공 연계성: 컴퓨터공학, 정보보안
- 시의성: ChatGPT, 해킹 대응, 개인정보 이슈
- 탐구 가능성: 오픈소스 보안 사례를 통한 접근 가능

최종 탐구 주제 예시:

- "ChatGPT 기반 교육 플랫폼의 보안 위협 분석 및 대응 방안 탐구"

- 교과 수업에서 관련 자료 조사 진행

- 사이버 보안 기사, 해킹 사례를 정리하여 보고서 작성

- PPT를 활용하여 발표 수행 → 세특 기록 가능

실전 예시

- 희망 진로: 환경과학자

- 전공 연계성: 화학, 생명과학

- 시의성: 미세플라스틱, 기후 변화 이슈

- 탐구 가능성: 실험 가능 (수질 오염도 측정 등)

최종 탐구 주제 예시:

"학교 주변 수계의 미세플라스틱 농도 비교 분석"

- 필터링 장치 직접 제작 → 시료 채집

- 다양한 지역 수질 데이터와 비교 분석

- 보고서를 작성해 진로와 과학 과목 세특 모두에 활용

세특 기록 유도를 위한 요약문 공식 (5문장)

문장 요소	작성 내용
1 무엇을 했는가?	활동의 핵심 참여 내용을 명확히 서술
2 왜 했는가?	진로 연계성 및 과목 관련성 강조하여 서술
3 어떻게 했는가?	자료 조사, 발표, 실험 등 구체적 과정 서술

문장 요소	작성 내용
4 무엇을 배웠는가?	개념 이해 및 성장한 역량 중심으로 서술
5 어떻게 확장할 것인가?	다음 활동 계획이나 학습 확장 방향 서술

요약문 실전 예시 2가지

예시 A (심리학 진로 연계)

항목	내용
무엇	교내 독서토론 활동에서 『심리조작의 심연』을 읽고 팀 발표를 준비함
왜	심리학과 진학을 목표로 무의식적 행동과 심리현상에 대한 이해를 심화
어떻게	책 속 사례를 현대 마케팅 기법과 연결해 분석 후 팀원과 발표 자료 제작
배운 점	사회 전반의 심리 조작 사례와 인간 인지 편향에 대한 심도 깊은 이해
확장	후속 활동으로 인간 행동 실험 주제를 선정해 탐구 활동을 추가 계획 중

예시 B (의공학 진로 연계)

항목	내용
무엇	과학 진로탐색 수업에서 '의료 인공지능' 관련 다큐멘터리 시청 후 감상문 작성
왜	의공학 진학을 목표로 의료기술과 AI의 융합 사례를 직접 파악하기 위해
어떻게	영상 내용을 요약한 후, 관련 논문을 추가 조사하여 기술 현황과 한계를 정리

항목	내용
배운 점	의료 AI가 진단 정확도 개선에 기여하지만 윤리적 문제와 비용 이슈 존재
확장	실제 병원 현장 인터뷰 및 추가 사례 조사 탐구 계획 수립

핵심 체크리스트 요약

기준	스스로 확인할 질문
전공 연계성	이 탐구 활동이 내 희망 전공과 직접 연결되는가?
시의성	최근 뉴스 및 사회적 이슈와 충분히 연결되는가?
탐구 가능성	내가 직접 조사하고 분석하거나 실험할 수 있는가?

탐구 주제는 입시에서 자신을 드러내는 가장 강력한 '메시지'다.

주제 선정부터 진로역량을 보여주는 입시가 시작된다.

PPT 발표 및 보고서 작성법 실전 전략

핵심 메시지

"보고서와 발표는 단순한 제출물이 아니다. 나를 대학에 보여주는 공식적인 프레임이다."

탐구활동에서는 기록된 결과물이 결정적이다.

보고서와 PPT는 세특, 자기소개서, 면접까지 유기적으로 연결되어, 평가자가 학생의 탐구 역량을 직접 판단하는 핵심 자료로 활용된다.

보고서 작성의 6단계 구성

구성 요소	설명
1 주제 선정 이유	주제 선택 배경과 진로와의 구체적 연결성 설명
2 탐구 목표	구체적으로 밝히고자 하는 내용을 명확히 명시

구성 요소	설명
3 탐구 방법	실험, 설문, 인터뷰, 문헌 조사 등의 방법 상세 기술
4 과정 및 분석	진행 과정, 분석 방법, 도표·그래프 활용한 설명
5 결론 및 느낀 점	탐구 결과 요약, 얻은 교훈 및 개인적 성찰 강조
6 향후 확장 활동	탐구를 토대로 한 후속 활동 계획 명확히 제시

☀ TIP

보고서 분량은 A4 기준 2~3장 내외로 명확한 문단 구성

도표, 시각자료, 실제 자료를 첨부하면 평가자의 신뢰도를 높일 수 있다.

PPT 구성의 6가지 핵심 슬라이드

슬라이드 번호	구성 내용
1 표지	제목, 이름, 학교, 날짜, 지도교사 등 기본 정보 포함
2 탐구 배경	탐구 주제 선정 동기, 진로 연계성 명확히 제시
3 탐구 과정	사진, 순서도, 자료 조사 과정 등 시각적 자료로 설명
4 주요 내용 정리	핵심 개념, 그래프, 도표 등을 활용하여 핵심 요약 정리
5 결과 및 느낀 점	탐구 결과 명확히 제시, 개인적 성찰 내용 포함
6 Q&A 슬라이드	예상 질문 대비한 질의응답용 메모 삽입 가능

발표용 PPT는 시각 자료를 적극 활용하고, 텍스트는 최소화

폰트와 색상을 통일하여 발표자가 중심이 되는 깔끔한 구성 유지

실전 사례 예시 (요약형)

예시 A: 인공지능 윤리 문제 탐구 보고서

- 탐구 주제: "AI 채팅 기술의 편향성과 윤리적 대응"
- 탐구 방법: ChatGPT 대화 실험, 국내 뉴스 기사 비교, 전문가 인터뷰
- 결과: 특정 질문에서 AI의 편향성 확인 및 윤리 가이드라인의 필요성 도출
- 느낀 점: 기술이 인간의 의도를 반영하기에 사용자의 윤리적 인식이 중요함
- 세특 기록 예시: "AI 윤리의 사회적 영향을 탐구하며 도덕적 감수성과 문제해결력을 키움"

예시 B: 생명공학 진로 학생의 실험 보고서

- 탐구 주제: "학교 주변 식물의 항균 성분 추출 실험"
- 탐구 방법: 시료 채집 → 알코올 추출 → 균 배양 및 효과 비교 실험
- 결과: 특정 식물 추출물이 세균 증식을 효과적으로 억제함을 확인
- 느낀 점: 실험 과정의 복잡성을 경험하며 실험 설계 능력의 중요성 이해
- 세특 기록 예시: "실험 설계, 관찰, 결과 분석까지 주도적 수행을 통해 과학적 탐구 역량을 심화함"

입시 활용을 위한 실전 팁

- 보고서와 PPT는 일관된 스토리라인을 기반으로 설계한다.
- 발표 연습 시, 시간 제한(약 5분 이내)을 고려하여 구성한다.
- 발표 후 활동 요약문(5문장 구성)을 따로 작성하여 세특 기록에 직접 활용한다.
- PPT와 보고서는 주제별 폴더로 정리하여 자기소개서·면접 준비 자료로 적극 활용한다.

마무리

보고서와 PPT는 탐구활동의 구체적인 증거 자료다.

단순 제출이 아닌 '입시를 위한 공식적 도구'로 전략적으로 설계하고, 활동 이후에는 반드시 기록을 남겨야 한다.

$$3\text{-}4$$

AI 시대의 탐구활동과 표절 방지 전략

핵심 메시지

AI는 도구일 뿐이다. 이제는 결과물보다 'AI를 어떻게 활용했는지'가 평가의 핵심이다. GPT, Bing, Claude와 같은 AI의 발달로 학생들이 과제에 AI를 활용하는 일이 일반화되었다. 대학과 교사는 이제 'AI 사용 여부'보다는 'AI가 아닌 학생 자신의 생각이 얼마나 드러나는가'를 평가한다.

학교의 구체적 대응 방안

- AI 과제 제출 여부를 감지하는 시스템 도입 (예: GPTZero 등)
- 교사가 직접 면담과 발표, 질의응답을 통해 실시간으로 확인 강화
- AI를 활용할 경우 '활용 여부와 과정'을 반드시 기록하여 제출
- 수행평가는 보고서보다 발표, 구술시험, 실시간 실험과 토론 중심으로 전환

  핵심적 변화: 단순 보고서 → 발표와 질의응답 중심 평가로 변화

표절 방지를 위한 핵심 전략: "AI 활용 후 반드시 자기화"

단계	전략
1단계	AI가 생성한 초안을 읽고 자신이 이해할 수 있는 언어로 다시 서술
2단계	학교 수업 내용, 실제 실험, 개인 경험 등과 연결하여 재구성
3단계	자신만의 해석, 비판, 예시 및 성찰 내용을 반드시 추가
4단계	'AI가 제시한 답'을 자신의 언어로 요약하여 재작성
5단계	발표·면담 대비: 핵심 내용 3줄 및 예상 질문 작성

AI를 반드시 활용해야 한다면? 실전 팁

- AI 활용 프로토콜 작성법

  (활용 예시: AI에게 준 명령어 기록)

  prompt 1: "기후 변화가 농업에 미치는 영향에 대해 개요를 작성해줘"

  prompt 2: "중학생도 쉽게 이해할 수 있도록 다시 간략히 설명해줘"

  prompt 3: "여기에 내가 조사한 통계 자료(ㅇㅇㅇ)를 넣어 다시 구성해줘"

  → 위와 같은 활용 기록과 함께 자신이 어떻게 수정하고 재가공했는지 명시

이러한 기록이 탐구의 진정성을 보장하는 핵심적 근거가 된다.

실전 활용 예시 비교

예시 A: 잘못된 활용 사례 – GPT 결과 그대로 제출

- 문제점: 논리적 연결 부족, 교사의 질문에 답변 불가능, 세특 기록 미반영

예시 B: 올바른 활용 사례

- 과정: AI 초안 → 핵심 개념 직접 요약 → 학교 수업 내용과 연결 → 개인적 체험 추가
- 제출 전: 요약문을 작성하여 교사에게 제출, 예상 질문 2가지 미리 준비
- 결과: 발표 후 교사의 질문에 답변 가능, 세특에 "AI 결과물을 분석하고 재구성하여 문제 해결력을 보임"이라고 기록됨

AI 시대 탐구활동의 3대 생존 공식

항목	설명 및 핵심 포인트
1 질문	탐구활동의 핵심은 '질문력'이다. AI에 무엇을 물어볼지 고민하는 능력이 중요
2 요약	요약은 자신이 이해했음을 입증하는 수단이다. AI에서 얻은 내용을 반드시 자기식으로 재구성
3 연결	AI로 얻은 정보와 자신의 수업 경험, 독서, 실험 등과 반드시 연결

마무리 정리

AI는 탐구활동의 시작점에 불과하며, 반드시 자기화 → 재구성 → 발표의 과정으로 이어져야 한다.

대학은 결과물 자체보다는 '학생의 사고 과정이 드러나는 탐구활동'을 원한다.

탐구활동 실행 계획 수립과 실전 보고서 작성법

핵심 메시지

탐구는 실행력으로 증명된다. 시작-과정-기록의 세 단계로 명확히 남겨야 한다.

실행 계획 수립의 3단계

단계	설명	실전 팁
1 주제 구체화	관심 있는 주제를 명확한 탐구문으로 정리	"무엇이 궁금한가?" 질문으로 구체화 시작
2 진행 절차 계획	실험, 조사, 인터뷰, 설문 등 탐구 방법 명시	탐구 타임라인은 2주~4주 내외로 설정
3 결과 산출물 설정	보고서, 발표자료, 인터뷰 기록, 데이터 표 등 산출물 설정	PPT, 워드 문서, 영상 중 적절한 형식 선택

보고서 구성 기본 틀

1. 탐구 주제

2. 탐구 동기와 목적

3. 탐구 절차와 방법

4. 탐구 결과

5. 느낀 점과 향후 계획

   → A4 기준 최소 2~3장 분량

   → 핵심은 "내가 직접 수행한 탐구 과정의 명확한 기록"이다.

실전 보고서 작성 시 필수 포인트

항목	체크 사항
주제	탐구 주제와 진로의 명확한 연결성 언급
절차	조사·실험 방법과 과정을 구체적으로 기술
결과	직접 작성한 표, 도식, 그래프를 적극적으로 활용
성찰	무엇을 배웠는지 구체적 사례와 함께 명확히 제시
확장	이후 수업과 심화 탐구 활동에 대한 구체적 계획을 명시

실전 예시

예시 1 (생명과학 진로)

항목	내용
주제	"환경호르몬이 세포에 미치는 영향"
동기	유전자 조절 메커니즘에 관심이 많아 환경 관련 기사를 읽고 주제 도출
절차	관련 논문 3편 분석 → 학교 실험 자료 비교
결과	내분비계 이상 사례 조사 및 인포그래픽으로 정리
성찰	화학과 생물학 간 융합적 사고의 중요성을 명확히 이해
확장	다음 학기 화학 실험 수업에서 추가적으로 탐구할 주제를 도출 예정

예시 2 (경제학 진로)

항목	내용
주제	"지역 상권 변화와 청소년 소비 트렌드 분석"
동기	경제 동아리 활동 중 지역 상권 공실률 증가 현상을 인식하고 주제 설정
절차	지역 편의점 운영자 인터뷰 → 청소년 대상 설문조사 수행
결과	조사 결과를 통계 자료로 정리, 소비 변화 분석 후 정책 제안서로 발표
성찰	시장 흐름의 민감성을 경험하며, 경제 정책의 중요성과 흥미를 깨달음
확장	고3 경제 세미나에서 심화 탐구 활동으로 연결할 예정

별지 제공 안내, 이 파트에서 안내한 탐구보고서 양식은 책 부록의 별지에 제공된다.

- A4 탐구보고서 템플릿
- 요약문 작성 안내 문구 포함
- PPT 포맷 예시 및 체크리스트 제공

마무리 정리

탐구활동은 명확한 계획-실행-기록의 과정이 중요하다.

단순히 결과가 아니라 과정이 명확히 드러난 기록이 학생부와 면접 평가의 핵심이다.

(3-5)

탐구 발표 및 수행평가 대응 전략

핵심 메시지

탐구의 완성은 발표다. 평가자는 글이 아닌 '발표자의 말'에서 태도와 논리를 평가한다.

수행평가 구조의 변화: 발표와 자료 제출 중심

과거의 수행평가	현재의 트렌드
문제풀이 + 단답형	발표, 토론, 보고서 제출, 영상 제작 등 다양화
개인 중심	팀 프로젝트 및 협업 기반 평가 강화
교내 활동 중심	현장 체험 및 지역사회 문제 연계 평가 확산

AI 활용 증가 → 표절 방지와 탐구의 진정성 확인 강화

효과적인 발표 준비의 3단계 공식

단계	설명	팁
1 자료 구성	핵심 메시지를 중심으로 슬라이드 5~7장 구성	MECE 구조 활용 권장
2 발표 연습	3~5분 분량으로 교사 및 학생 대상 리허설 실시	영상 촬영 후 자기 피드백 필수
3 Q&A 준비	예상 질문을 미리 작성하여 대응 전략 마련	최소 3가지 이상의 답변 시나리오 준비

PPT 구성의 MECE 구조 실전 예시

(예시 주제: 청소년 정신건강 문제와 해결 정책)

순서	슬라이드 제목	설명
1	문제 제기	청소년 우울증 관련 통계 자료 제시
2	원인 분석	학업 스트레스, SNS 중독 등 복합적 원인 분석
3	해외 사례	핀란드와 캐나다 등 해외 사례 비교
4	정책 제안	지역 상담소 확대, 학교 내 심리지원 프로그램 등 구체적 방안 제시
5	기대 효과	조기 개입을 통한 정신건강 고위험군 감소 효과 설명
6	질의응답	예상 질문과 답변을 미리 슬라이드에 삽입 (선택)

발표 평가 항목 (교사 평가 실사례 기준)

항목	평가의 세부 기준
내용의 논리성	주제의 흐름, 원인과 해결책 간의 명확한 연결
표현력	시선 처리, 발음 명료성, 발표 태도의 적절성
자료 활용력	시각 자료 활용도, 자료의 가독성 및 적절성
질의응답 대응력	즉흥적 질문 대응력, 성찰력
태도	협력성, 책임감, 성실성을 드러내는 태도

단순히 글을 읽는 식의 발표는 큰 감점 요인이다.

AI 활용과 표절 방지를 위한 실전 전략

전략	구체적 설명 및 실행 방법
1 AI 사용 범위 명시	발표 시작 시 "AI로 ○○를 참고했고, 구조와 내용을 직접 설계했습니다"라고 명확히 고지
2 자료 출처 명시	ChatGPT 등에서 활용한 문장과 자료는 반드시 출처 각주 처리
3 자기화 (요약+재작성)	AI 초안을 문장 단위로 자신의 언어로 바꾸고 해석과 성찰 내용을 추가
4 개요 먼저 작성 후 요청	"이러한 개요로 PPT를 구성하고 싶다"는 식으로 AI에 구체적으로 요청
5 최종 정리 후 교사 제출	투명성을 확보하여 평가자(교사)의 신뢰를 높임

질의응답(Q&A) 실전 대응s

예상 질문 예시	효과적인 대응 전략
"자료는 어디서 조사했나요?"	최소 2개 이상의 신뢰할 수 있는 출처 준비
"이 문제의 핵심은 무엇인가요?"	본인의 생각을 밝히고 기사·논문을 함께 인용
"이 활동을 통해 무엇을 배웠나요?"	개인의 성장 경험과 진로 연계성 명확히 정리
"앞으로 어떻게 활용할 계획인가요?"	심화 활동 계획과 구체적 활용 방안 제시

마무리 전략: 수행평가 발표는 입시와 직접 연결된다

단순히 '발표를 잘하는 것'이 아니라,

기획력 + 전달력 + 태도를 종합적으로 평가받는 입시형 수행평가다.

- 발표 과정을 영상 촬영 → 자기소개서와 면접 자료로 적극 활용
- 탐구 주제를 명확히 설정 → 세특, 자기소개서, 면접까지 유기적으로 연결

4장

교과별 실전 학습 방향과 전략

고교학점제와 5등급제 도입은 단순히 과목 선택의 자유를 넘어서, 교과별 학습의 질적인 변화를 가져오고 있다.

이전에는 내신 등급을 잘 받기 위한 학습이 주를 이루었다면, 이제는 과목의 학습 과정 그 자체가 중요한 평가 요소가 되었다. 또한, 진로와 명확히 연계된 과목을 선택하고 그 과목에서의 활동을 전략적으로 수행하는 것이 입시의 핵심이 되었다.

이 장에서는 국어, 수학, 영어, 사회, 과학, 예체능 등 주요 교과목을 중심으로 대학의 평가 방식과 실제 입시 반영 요소를 명확히 제시하고, 각 과목별로 효과적인 학습 전략을 어떻게 수립할 것인지 구체적으로 안내한다. 특히 과목별 서술형 평가, 수행평가, 세특 작성 시의 구체적 포인트를 포함하여 학생들이 실질적인 입시 대응력을 높일 수 있도록 구성했다.

(4-1)

영어: 절대평가에서 기록 중심 평가로

핵심 전략

영어 성적보다 중요한 것은 '활용 능력'과 '기록'이다.

발표, 작문, 자료 해석 능력이 평가의 핵심이다.

과목 특성과 입시 반영 구조

항목	설명
평가 방식	절대평가, 수행 중심
입시 반영	세특 기록, 수행평가 결과, 자기소개서 내 표현력
주요 연계 전공	국제학, 영어영문학, 관광학, 교육학 등

영어 수행평가의 실제 형태

- 영어 발표 (주제 탐색, 원서 요약, TED 토론 등)
- 영어 에세이 작성

- 기사 해석 및 요약

- 뉴스 기사 및 에세이 비교 분석

- 진로 연계 원서 독서 후 발표 및 보고서 작성

세특 기록 유도를 위한 전략

전략	구체적 실행 방법
발표 후 요약문 제출	발표 주제, 사용한 자료, 개인적 해석과 비판, 느낀 점을 명확히 정리
원서 읽기 후 워크시트 작성	줄거리 요약 + 인상 깊은 문장 발췌 + 진로와의 연계성 강조
뉴스 비교 분석 보고서	두 국가 이상 뉴스 기사를 비교하고 관점 차이를 분석하여 제출
TED 강의 요약 및 비판	강연 내용을 명확히 요약하고 개인의 의견과 개선 방안을 포함하여 발표
교내 영어 행사 적극 참여	영어 글쓰기 대회, 뉴스 번역 등의 활동을 적극적으로 참여 및 기록 요청

영어 세특 작성 실전 예시

- 잘 작성된 세특 예시

  "TED 강연 'The Danger of a Single Story'를 분석하고, 인종에 대한 단일한 관점이 지닌 위험성을 탐구함. 사회적 문제에 대해 비판적으로 사고하는 능력을 영어 발표로 표현하며, 개인의 생각을 체계적으로 전달함."

- 보완이 필요한 세특 예시

  "TED 강연을 보고 발표를 진행함. 성실히 임함."

- 차이점: 활동의 구체성, 분석력, 개인적 해석과 성찰의 명시 여부가 평가 기준이다.

진로 연계 추천 원서 목록

더 자세한 원서 목록은 5장의 진로 설계 부록에서 제공

희망 진로	추천 원서 목록
경영·경제	Freakonomics, The Undercover Economist
심리·교육	Thinking, Fast and Slow, Outliers
국제관계	Prisoners of Geography, Globalization and Its Discontents
의학·보건	The Man Who Mistook His Wife for a Hat
공학계열	The Innovators, How We Got to Now

영어 원서 활동은 보고서, 발표, 세특 기록까지 연계 가능하다.

수행평가 주제 실전 예시

- "스티브 잡스의 연설 분석 후 본인의 진로와 연계하여 영어로 발표하기"
- "기후 위기를 다룬 영어 기사 두 편을 비교 분석하고 본인의 의견을 에세이로 작성하기"
- "세계사 속 영국과 프랑스의 식민 정책 차이를 영어로 조사하고 요약 발표하기"
- "AI 기술이 언어에 미치는 영향을 영어로 발표한 후 질의응답 준비하기"

영어 학습 전략 요약

구분	실질적 전략
내신	절대평가에 대비한 객관식과 서술형 문항을 집중 훈련
수행평가	발표 능력, 작문 실력, 자료 비교 분석 능력 중심 훈련
세특	주제 탐색력, 자기 표현력, 논리적 구조화 능력 강조하여 작성
진로	원서 독서, 에세이 작성, 인터뷰 및 발표 준비 등 진로와 연계한 활동 적극 수행

$$\boxed{4\text{-}2}$$

수학: 서술형과 도전성 중심 전략

핵심 전략

수학은 더 이상 정답을 맞히는 과목이 아니다.

풀이 과정과 도전적 과목 선택에서 입시 경쟁력이 결정된다.

특히 서술형 훈련과 미적분·기하 같은 도전적 과목 선택이 핵심이다.

과목 특성과 입시 반영 구조

항목	설명
평가 방식	절대평가 (일부 학교), 서술형 및 수행평가 중심
입시 반영 요소	교과 성취도, 세특, 도전적인 과목 선택 여부
주요 연계 전공	이공계열, 수학과, 통계학과, 금융·경제, 공학, 의학계열

효과적인 과목 선택 전략

계열	추천 과목 조합
이과	수학Ⅰ, 수학Ⅱ, 미적분, 기하 필수 (AI, 공학, 자연과학 진로 필수)
문과	수학Ⅰ, 수학Ⅱ, 확률과 통계, 실용수학(통계 관련) 조합 추천
모든 계열	수학과 진로의 연계성이 중요하므로 최소 미적분까지 이수 권장

☀ **TIP**

기하, 인공지능 수학, 수학과제탐구 등 심화 과목은 고난도 진로와 세특 작성에 특히 유리하다.

서술형 평가에 효과적으로 대응하는 방법

"서술형 평가는 생각을 '구조화'하는 능력을 평가한다."

- 풀이 과정에서 '해당 풀이 방법을 선택한 이유'를 명확히 기록하는 훈련이 필수다.
- 오류가 발생했을 경우 '왜 틀렸는지'를 분석하여 기록하는 습관이 중요하다.
- 논리적 흐름은 항상 다음과 같이 구성한다:

  조건 → 가정 → 풀이 → 정리
- 단순 메모식 풀이는 금지하고, 논리적 단락 구성을 반드시 훈련해야 한다.

수학 과목의 세특 대응 전략

전략 유형	구체적 예시
프로젝트형	확률 문제를 활용한 간단한 게임 설계 및 확률 분석 보고서 작성
진로 연계형	금융 수학 관련한 실생활 데이터 분석과 보고서 작성
협업형	방정식 풀이 방법을 팀별 토론 후 다양한 해결 전략 비교 분석
수학-과학 융합형	물리·기하 개념을 기반으로 한 실험 수행 후 분석 및 수식화

세특 기록 실패 사례 및 개선 방향

잘못된 예시

- "계산을 정확하게 수행함." 수준의 기록
- 수학 수행평가를 단순 '풀이 연습'으로만 서술함

올바른 개선 예시

- "통계 과제를 수행하며 실제 데이터를 수집하고, 표준 편차를 계산하여 보고서를 작성함."
- "기하 개념을 바탕으로 구조물을 설계한 후 오차 범위를 분석하여 결과를 발표함."

진로 연계형 수학 탐구 활동 예시

진로 분야	활동 예시
금융	주식 시세 변화 데이터를 분석하고 회귀 모델을 직접 작성
공학	구조물의 안정성 관련 문제를 수식화하여 분석
AI·데이터	함수 모델링 및 확률 기반 추천 알고리즘을 개념화하여 탐구
심리학	실험 통계 설계 및 표본 추출 후 통계적 해석 수행

수학 학습 전략 요약

항목	구체적 전략
개념 학습	개념 → 유형 → 활용의 흐름으로 학습을 체계적으로 진행
평가 준비	서술형과 수행평가 중심의 실질적 학습 훈련 강화
세특 전략	보고서와 탐구 활동을 직접 주도적으로 수행하고 기록함
진로 연계	도전적이고 진로와 연결된 과목 선택을 명확히 하여 기록

(4-3)

과학: 실험과 보고서 중심 전략

핵심 전략

과학 과목은 '실험과 보고서'가 곧 세특이다.

실험 참여 + 기록 작성 + 탐구 확장의 3단계가 세특 완성의 핵심이다.

과목 특성과 입시 반영 구조

항목	설명
평가 방식	수행평가, 실험 보고서, 서술형 평가 중심
입시 반영 요소	성취도, 도전적 과목 선택, 실험 기반 탐구 활동
주요 연계 전공	의대, 약대, 이공계열, 간호학, 생명과학, 환경공학 등

효과적인 과목 선택 전략

- 이과 진로: 물리학 I·II, 화학 I·II, 생명과학 I·II, 지구과학 I·II 중

  → 전공과 연계된 과목 최소 2과목 이상 필수 이수 권장

- 의약 계열 진로: 생명과학 + 화학, 또는 물리학 + 화학 조합 권장

- 추가 추천 과목: 과학탐구실험, 융합과학, 생활과학 등 진로선택 과목 적극 이수 권장

☀TIP

서울대 등 일부 대학은 특정 전공 지원 시 반드시 이수해야 하는 과학 과목이 있으므로, 미리 확인해야 한다.

3. 실험 및 탐구 보고서 작성 구조

기본 보고서 작성 틀

1. 탐구 동기 – "이 실험을 왜 하게 되었는가?" 명확히 기술

2. 실험 절차 – 사용한 장비 및 단계별 과정 요약 기술

3. 결과 정리 – 데이터를 그래프와 표로 시각적으로 명확히 제시

4. 해석 및 오류 분석 – 예상 결과와 비교하고, 오차 원인을 심층 분석

5. 결론 및 확장 – 진로 연계성 및 추가 탐구 활동 방향을 구체적으로 제시

우수 사례 vs 개선 필요 사례

우수 사례 예시

- 화학 수업에서 '산-염기 중화 반응'을 주제로 실험을 진행하고, 시중 소화제 제품의 중화 능력을 비교·분석한 보고서를 작성함. 브랜드별 효율성 차이를 확인하고 약학 진로와 연계하여 후속 탐구 주

제를 제안함.

개선 필요 사례 예시

- '정류 실험에 참여함. 결과 보고서를 작성함.' 수준의 간략한 세특 기록
- 보고서에 교과서 내용을 그대로 복사하거나 결과만 나열하고 분석 및 해석 과정은 빠짐

보완 방향

- 실험의 목적과 결과 해석, 진로 연계성을 명확히 한 5문장 요약문을 제출
- 교사와 협의하여 보고서의 핵심 내용을 구술 또는 발표 형태로도 표현 가능

진로 연계형 탐구 주제 실전 예시

진로 분야	탐구 주제 예시
기계공학	유체의 흐름 관찰 실험 및 압력 변화 측정과 분석
생명공학	효소 반응 과정 탐구 및 DNA 추출 실험 진행과 분석
전기전자	옴의 법칙을 기반으로 전력 소비량 실험 및 데이터 분석
환경공학	수질 정화 실험 후 pH 측정 및 수질 개선 방안 제시
간호학	혈당 모의 실험을 통한 체내 혈당 변화 및 반응 경로 분석

세특 기록을 위한 실전 팁

- 실험 후에는 반드시 5문장 요약문을 작성하여 제출

  → 실험 동기 / 진행 방법 / 결과 / 의미 및 배운 점 / 확장 가능성 포함
- PPT 발표 및 시연 기회를 적극 활용하여 교사가 세특 작성 시 쉽게 기억할 수 있도록 함
- 실험 과정에서 오류가 있었다면 반드시 이를 분석하고 해결 방안을 제시해 문제 해결력을 강조

공동 실험 시 개별화 전략

- 모둠으로 실험할 경우에도 자신의 역할을 명확히 기록

  (예: 실험 설계 담당, 장치 제작 담당, 데이터 정리 담당 등)
- 같은 실험이라도 자신만의 관점을 드러내어 기록할 것

  ("내가 특히 집중한 실험 포인트는 ○○○이었다.")

과학 과목별 세특에 적합한 키워드

과학 과목	추천 세특 키워드
물리학	회로 설계, 힘 분석, 운동 실험, 에너지 변환 등
화학	산염기 중화 반응, 용액 농도 분석, 화학 반응 속도
생명과학	유전자 발현 탐구, 세포 관찰 및 분석, 생리 작용 탐구
지구과학	기상 자료 분석, 지질 구조 탐사, 환경 문제 접근

사회: 시사, 자료 해석, 서술형 평가 중심 전략

핵심 전략

"사회 과목은 암기가 아니라 '이해와 현실 적용'이다.

자료 분석 + 시사 연계 + 논리적 정리가 사회 세특의 기본 구조다."

사회 교과 평가 구조의 이해

항목	설명
평가 방식	논·서술형 평가 비중 증가, 시사 기반 문항 비율 확대
주요 평가 내용	개념 이해 → 자료 분석 → 실제 사례에 적용
세특 기록 유도	시사 이슈와 연계한 발표, 토론 및 탐구 보고서 작성

사회 과목별 특성과 구체적 전략

과목	전략적 포인트
한국지리	지역 이슈 분석, 공간적 자료 해석 및 적용

과목	전략적 포인트
세계지리	국제 이슈, 인구·환경 변화 등 자료 중심 탐구 및 분석
법과 정치	선거, 법안 등 시사 사례 토론 및 가상 입법 활동
사회문화	문화 다양성 탐구, 사회 현상 분석 보고서 작성 및 발표
경제	거시경제 이슈, 금리·환율 등 실생활 데이터 분석 및 활용
생활과 윤리	윤리적 판단 사례를 비교 분석하고 딜레마 상황 토론
정치와 법	헌법·민법 관련 사례 적용 및 판례 심층 분석 수행

시사 이슈 기반 탐구 전략

- 주간 뉴스 정리를 습관화하라

  최근 이슈 → 교과서 개념과 반드시 연결

  (예시: '전세 사기 문제' → 사회문화에서 다루는 사회 구조 문제와 연결)

- 논설문 및 신문 사설을 적극 활용하라

  신문 사설을 읽고 요약하여 발표하거나, 두 사설을 비교 분석 자료 해석 능력을 강화하라

그래프, 도표, 통계자료를 읽고 명확히 인과관계를 설명하는 훈련 반복 실시

논·서술형 평가의 실질적 대비 전략

- 답안의 구조화를 명확히 하라

  서론(개념 소개) → 본론(자료 분석 + 시사적 사례) → 결론(시사점과 해결책)

- 논점을 두 갈래로 나누어 제시하라

  찬반 비교, 장단점 대비, 원인과 결과의 대비 등 논리적 구조 명확히 표현

- 채점자의 관점에서 서술하라

  평가자는 "학생이 자료를 충분히 분석하고 명확히 사고하여 정리했는지"를 본다.

세특 기록 유도를 위한 구체적 활동 구성법

- PPT 발표: 시사 이슈 발표를 주도적으로 수행하고 결과물을 명확히 기록

- 신문 만들기 프로젝트: 신문 편집, 기획, 논평 등 팀 내 역할 분담 후 결과물 제작

- 가상 국회 활동: 법률 제정 과정과 찬반 토론을 통해 협력과 논리성을 기록

- 캠페인 기획안 작성: 실제 사회적 문제를 해결할 수 있는 구체적 아이디어 도출하여 발표

사회 세특 실전 예시 – 효과적인 요약문 구성법

항목	내용
무엇	'디지털 성범죄' 관련 기사 분석 후 팀 간 찬반 토론 진행
왜	사회문화 수업에서 '사회 문제 유형'을 배우고 관련 개념을 실제로 적용하기 위해
어떻게	법률 개정안을 비교하고 실제 판례 조사 후 발표
배운 점	사회적 인식 변화와 법 제도의 역할 및 중요성에 대해 명확히 이해
확장	'젠더 이슈와 표현의 자유'를 심화 탐구할 계획 수립 중

사회 교과에서 활용 가능한 탐구 주제 실전 예시

탐구 주제	연계 가능한 진로 분야
청년 고용 문제와 기본소득제 분석	행정학, 경제학, 정치외교학
정치 참여와 SNS 여론 분석	미디어학, 정치학
지역 소멸과 지방자치제 해결 방안	지역개발학, 도시계획학
윤리적 소비 행태와 영향 분석	소비자학, 사회복지학
국제 분쟁과 중립외교의 사례 탐구	국제관계학, 외교학

☀️TIP

사회 교과 세특 작성 실전

- TIP 1: 개념 중심이 아니라 '문제 해결 중심'으로 접근하라

→ 사회적 이슈를 분석하고 명확히 입장을 제시하는 내용을 기록할 것

- TIP 2: 토론 시 입장 변화 또는 결론 정리를 명확히 기록하라

    → 토론의 과정과 결과에서 자신의 입장 변화나 최종 의견을 꼭 명시할 것

- TIP 3: 사회 참여 활동을 적극 기록하라

    → 이론적 접근을 넘어 실제 사회 문제 해결을 위한 활동까지 제시하면 높은 평가 가능

(4-5)

국어: 논리적 글쓰기와 분석력 중심 전략

핵심 전략

국어는 더 이상 단순 문학만 다루지 않는다. 정보 해석력, 비판적 사고력, 논리적 글쓰기 능력을 종합적으로 평가받는다.

국어 과목의 평가 구조

항목	구체적 설명
평가 방식	서술형·논술형 평가 중심, 지문 분석과 의견 정리 능력 평가
평가 포인트	추론력, 비판력, 종합력, 요약력, 비교 등 고차적 사고력
세특 유도 방법	글쓰기, 독서 토론, 발표, 논술형 보고서 등 기록 활용

국어 과목별 특성과 전략

과목	전략적 포인트
독서	정보성 텍스트를 명확히 정리하는 능력, 요약력 강조
문학	표현·감상력보다는 작품 간 비교 분석 및 시대적 맥락 파악 능력
화법과 작문	실용적 글쓰기, 주장하는 글, 발표 대본 작성 능력 중시
언어와 매체	어휘 및 문법 분석 능력, 매체 비판적 접근 능력 강화

논리적 글쓰기 훈련법

- 구조화된 글쓰기 연습

  서론(주제 명확히 제시) → 본론(논거 제시 및 분석) → 결론(요약 및 시사점 강조)

- 실제 주제 활용 훈련

  찬반 논제에 대해 논증적 구조로 글쓰기 연습

  예시: "청소년 스마트폰 사용 시간 제한은 필요한가?"

- 논리적 연결어 사용 훈련

  '왜냐하면', '그에 반해', '따라서', '이러한 점에서' 등 논리적 연결어를 적극 활용하여 글쓰기

세특 기록을 유도하는 효과적인 활동 구성

- 수업 중 토론에 적극 참여하며 사회자 역할 수행 기록
- 비문학 독서 후 구체적 글쓰기 과제 수행 후 제출

- 논설문을 직접 작성하고 발표

- 신문 만들기 프로젝트에서 편집, 기획, 논평 등 역할을 명확히 수행하고 기록

실전 세특 요약문 예시

항목	내용
무엇	'미디어 비평 글쓰기' 프로젝트 참여
왜	'언어와 매체' 과목에서 학습한 '정보 판별' 주제를 심화 탐구하고자
어떻게	유튜브 알고리즘의 뉴스 추천 편향성을 조사하고 문제점을 분석하여 대안 제시
배운 점	편향된 정보를 무비판적으로 받아들일 때의 위험성과 비판적 사고의 중요성 인식
확장	'매체 리터러시' 주제로 심화 탐구 보고서를 추가 작성할 계획

국어 탐구 주제 실전 예시

탐구 주제	연계 가능한 진로 분야
인공지능 기반 글쓰기와 인간의 창작 비교	언어학과, 국어교육과, 미디어학과
고전문학 속 여성 인물상 변화 분석	국문학과, 여성학과, 인문학 계열
비문학 지문의 유형 분석 보고서	출판학과, 교육학과, 콘텐츠기획 분야
뉴스 헤드라인의 편향성 심층 분석	저널리즘, 언론정보학과
서평 비교를 통한 독서 전략 심화 탐색	국어교육과, 문헌정보학과

서술형 평가 대비를 위한 효과적 전략

- 핵심 문장으로 주장을 정리하는 훈련

  "이 글의 핵심 주장은 무엇인가?"를 한 문장으로 명확히 표현하기

- 지문 간의 비교 분석

  두 개 이상의 지문을 비교하고 유사점과 차이점을 명확히 정리하기

- 예시와 근거 중심의 답안 서술

  주장 → 근거(이유) → 구체적 사례를 차례로 명확히 서술

※TIP

국어 과목 세특 기록을 위한 실전 팁

- TIP 1: 교과 수업에서 나온 토론·글쓰기 주제를 자신만의 탐구 주제
  로 확장하여 기록

  → 수업과 연계하여 세특에 깊이 있는 탐구 기록 가능

- TIP 2: 독서 후 '주제별 서평' 기록 습관화

  → 학생부 독서 항목과 세특 기록 모두에 활용 가능

- TIP 3: 발표와 토론 수업에서 사회자 또는 전체 의견을 종합 정리하
  는 역할을 적극 맡아서 기록에 반영

(4-6)

영어: 절대평가 대응과 발표·글쓰기 강화 전략

핵심 전략

"절대평가라고 만만히 보면 탈락한다.

평가자는 실용적 영어 능력, 발표력, 쓰기 역량을 종합적으로 평가한다."

영어 과목 평가 구조

항목	구체적 설명
평가 방식	수행평가(발표·에세이 등)와 지필 평가 병행
절대평가 기준	90점 이상 A, 80점 이상 B 등 절대평가 방식 적용
세특 기록 유도	영어 발표, 토론, 영어 에세이 작성 등 수행 과제 중심

영어 실전 활동 유형별 전략

유형	구체적 실행 전략
영어 발표	주제 선정 → 발표문 작성 → 사전 리허설을 충분히 실시

유형	구체적 실행 전략
에세이 작성	서론-본론-결론의 명확한 논리 구조 활용 + 개인 의견을 반드시 포함
인터뷰·토론	역할극 방식으로 준비, 실생활의 이슈를 주제로 설정하여 진행
원서 활용	진로 관련 원서를 읽고 발표하거나 책 소개 PPT 구성하여 제시

세특 기록 유도를 위한 효과적 활동 예시

- 영어로 진로 탐색 주제 발표

  (예: 미래 직업 및 사회 변화 발표)

- TED 강연 영상을 분석하여 개인 견해를 담은 발표문 작성 및 발표

- 영어 신문 기사 내용을 요약하고 본인의 의견을 담아 찬반 에세이 작성

- 진로와 연계된 영어 원서를 기반으로 토론 진행

  (예시: 『Factfulness』, 『The Tipping Point』 등)

세특 요약문 실전 예시 (2가지)

예시 A (간호학 진로 연계)

항목	내용
무엇	영어 원서 『Being Mortal』을 독서하고 내용을 영어로 발표함
왜	인간 존엄성과 생명 윤리에 대한 국제적 시각과 이해도를 넓히고자 함

항목	내용
어떻게	책의 주요 내용을 정리한 후, 한국의 임종 문화와 비교 분석하여 발표함
배운 점	국제적 시각에서 의료 윤리의 중요성을 명확히 이해하고 사고력을 키움
확장	간호학과 진학 후 의료 영어 학회 활동으로 연계할 계획 수립

예시 B (컴퓨터공학 진로 연계)

항목	내용
무엇	『Hello World』(AI 윤리 주제) 원서를 바탕으로 영어 발표 프로젝트 수행
왜	AI 기술의 발전과 윤리적 문제 사이의 관계를 심도 있게 탐구하고자 함
어떻게	원서 내용을 일부 해석하고 실제 사례를 기사 자료로 조사하여 분석 후 발표
배운 점	기술 발전 과정에서 윤리적 사고의 필요성과 중요성을 깊이 있게 이해
확장	컴퓨터공학 관련 영어 원서를 지속적으로 읽으며 추가 탐구할 계획 세움

진로 연계 영어 원서 추천 리스트

희망 진로	추천 원서 목록
의학·간호	『Being Mortal』, 『The Emperor of All Maladies』
컴퓨터공학	『Hello World』, 『Weapons of Math Destruction』
생명과학	『The Gene』, 『The Selfish Gene』

희망 진로	추천 원서 목록
사회학·법학	『Sapiens』, 『Just Mercy』
경영·경제	『Freakonomics』, 『Outliers』
인문학	『Man's Search for Meaning』, 『The Tipping Point』

전체 원서 추천 목록은 5장 진로 설계 부록에서 별도 제공됩니다.

수행평가 주제 실전 예시

- 스티브 잡스의 연설 내용을 분석하고, 개인 진로와 연결하여 영어로 발표
- 기후 위기 관련 영어 기사 두 편을 읽고 비교 분석한 후 의견 에세이 작성
- 세계사에서 영국과 프랑스의 식민 정책 차이를 영어로 정리하고 발표
- AI 기술 발전이 언어에 미치는 영향을 분석하여 발표하고 질의응답 준비

영어 학습 전략 실전 요약

영역	효과적 학습 전략
내신 대비	절대평가에 맞춘 객관식과 서술형 문제를 균형 있게 훈련
수행평가	발표력, 에세이 작성력, 자료 비교 분석 능력을 중점적으로 훈련

영역	효과적 학습 전략
세특 전략	주제 탐색력, 자기표현력, 논리적 사고력 구조화하여 기록
진로 연계	원서 독서, 에세이 작성, 인터뷰 준비 등 진로 중심 활동 적극 수행

사회/과학: 탐구 주제로 세특·보고서 연결 전략

핵심 전략

사회 과목은 시사, 과학 과목은 실험이 전부가 아니다.

중요한 것은 '진로와 연결된 탐구 주제'로 세특 기록을 선점하는 것이다.

과목별 탐구 방향과 유리한 세특 활동

과목	탐구 방향	유리한 세특 기록 활동
사회	시사 분석, 정책 탐구, 통계 분석, 비교 분석	기사 분석, 자료 조사, 시사 이슈 발표
과학	실험 설계 및 논문 기반 심화 탐구	실험 보고서 작성, 데이터 분석, 기술 응용 탐구

과목 연계 탐구 주제 구체적 예시

진로 분야	사회 탐구 주제 예시	과학 탐구 주제 예시
심리학	청소년의 SNS 중독 문제 및 정책 분석	뇌파 측정 실험 설계 및 분석
경제학	지역 재개발 정책의 효과 분석	주거 환경과 질병 발생 상관관계 분석
의학	의료보험 정책 국제 비교 탐구	백신 성분별 효능 비교 실험 진행 및 분석
환경공학	탄소세 도입 찬반 토론 및 정책 제안	폐기물 처리 기술 조사 및 설계 제안
데이터과학	여론조사 통계의 조작 사례 분석	기후 데이터 기반 머신러닝 모델 탐구

탐구 활동을 세특 기록으로 유도하는 법

- 사회 과목: 시사 주제로 토론 → 비교 발표 → 기사 첨부 및 개인 의견 작성
- 과학 과목: 간단한 실험 설계 → 실험 기록 작성 → 탐구 보고서 제출
- 공통 전략: 탐구 후 요약문(5문장 구성)을 작성하여 교사에게 제출

사회 과목 세특 요약문 실전 예시

항목	내용
무엇	기후 위기 관련 탄소세 정책 찬반 토론 참여 및 분석 발표
왜	환경 정책이 사회에 미치는 실제 효과를 분석하기 위해

항목	내용
어떻게	유럽과 한국의 사례 조사 → 찬반 논거를 명확히 정리하여 발표
배운 점	사회적 문제의 다양한 이해관계 및 해결 과정에서 법·정책의 역할을 명확히 이해
확장	이후 환경법 관련 심화 탐구 활동 계획 수립 중

과학 과목 세특 요약문 실전 예시

항목	내용
무엇	식품 내 산성도(pH) 측정 실험 수행 및 결과 분석
왜	생명과학과 영양학의 기초 원리를 연결하여 탐구하기 위해
어떻게	식품 종류별 pH 측정 → 수치를 그래프로 정리 및 분석
배운 점	식품의 산도 변화가 식품 부패 및 저장성에 큰 영향을 미친다는 점을 이해
확장	환경공학과 연결하여 폐수 처리 과정에서 산성도 측정 실험 추가 계획

☀️**TIP**

탐구 세특 기록을 위한 실전 팁

- TIP 1: 과학 실험은 학교에서 실제 장비가 없어도 '설계 과정'을 구체적으로 기록하면 세특으로 반영 가능
- TIP 2: 사회 과목은 뉴스 기사, 통계청 자료, 공공 데이터 포털 자료를 적극적으로 활용
- TIP 3: 보고서의 제목을 구체적이고 명확히 작성

- (예: '심전도 변화 측정' → '스트레스 지수와 심전도 변화 간의 상관성 탐구')

- TIP 4: 탐구 주제는 작고 명확하게 설정

  → "환경 문제" (X) / "수질 변화에 따른 미생물 생태 변화 탐구" (O)

(4-8)

발표·서술형·논술형 평가 실전 전략

핵심 전략

더 이상 단순 암기력이 아니라, '어떻게 말하고 쓰는가'가 입시 경쟁력이다.

2028학년도 입시부터 수행평가 중심의 수시 평가가 강화되면서, 특히 서술형 문항과 발표 평가의 비중이 국어·수학·사회·과학 등 모든 교과에 걸쳐 확대된다.

발표·서술형 평가가 중요한 이유

항목	변화 내용
평가 방식	지필 중심 평가 → 수행평가 중심 (서술형, 발표, 보고서 중심 평가)
평가 요소	자기표현력, 논리적 사고력, 근거 제시 능력
반영 영역	국어·사회·과학·영어 등 전 교과에서 확대 실시
대학 시사점	자기표현력과 설득력이 면접 및 자기소개서 평가에 직접 연결됨

서술형·논술형 평가의 구조 이해

평가 유형	요구되는 핵심 역량	출제 예시
서술형	개념 이해력 및 적용 능력	"주어진 자료를 참고하여 지구온난화의 원인을 설명하시오."
논술형	비판적 사고력 및 통합적 사고력	"OO 정책의 장단점을 비교하고, 본인의 견해를 논술하시오."

서술형 답안 작성을 위한 5단계 공식

단순한 사실 나열이 아니라 논리적 사고 흐름을 명확히 제시:

- 개념 정의: 문제에서 다루는 핵심 용어와 개념 명확히 정의

- 상황 설명: 제시된 자료와 글의 의미를 논리적으로 해석하여 설명

- 원인 분석: 문제 발생 원인에 대해 심층적이고 논리적으로 분석

- 사례 제시: 실제 사례나 통계 수치를 근거로 명확히 제시

- 개인 의견(결론): 주장을 논리적으로 명확히 정리하여 결론 도출

발표 과제 구성을 위한 3단계 전략

- 기획: 발표 목적과 대상을 명확히 설정 → 발표 내용을 5문장으로 요약 정리

- 자료 수집: 신뢰할 수 있는 출처에서 수치, 인용, 시각 자료 등을 확보

- 구성과 연습: 서론-본론-결론 구조 명확히 설정 → 1분 자기소개 포함, 발표 연습 충분히 실시

  (예시: "ChatGPT의 교육적 활용 방안" 발표 → 배경 설명, 실제 사례 분

석, 교육적 의의 및 우려점)

실전 대비 전략 (교과별 주요 포인트)

과목	평가 유형	효과적 학습 전략
국어	서술형 및 발표	제시된 텍스트 분석 후 개인 의견을 논리적으로 연결하여 표현
사회	발표 및 논술형	자료 비교 및 사례 분석을 통한 정책 및 사회현상 심층 분석
과학	실험 및 발표 중심	실험 설계, 결과 해석, 문제 해결 능력 명확히 제시
영어	에세이 및 발표 중심	주장-근거-예시 구조 훈련 및 실전 발표 준비

발표 및 논술 평가의 실전 예시

과목	과제 주제	효과적 수행 전략
사회문화	디지털 시민성 문제와 해결책 제시	실제 SNS 사례 분석 → 제도적 방안 명확히 제시
생명과학	백신 개발의 윤리적 문제 분석	코로나19 백신 사례를 WHO 기준과 비교하여 윤리적 문제 제시
영어	"AI는 인간 교사를 대체 가능한가?"	찬반 근거 자료 명확히 정리 후 2분 영어 스피치 준비

평가자의 관점에서 필수 체크리스트

- 주제가 명확히 전달되는가?

- 개념과 근거가 논리적으로 연결되는가?

- 개인의 의견과 주장이 뚜렷이 드러나는가?

- 사용한 자료가 적절하고 효과적인가?

- 결론이 설득력 있고 강하게 마무리되는가?

5장

진로 연계 실전 포트폴리오 설계

진로 연계는 단순히 희망하는 진로를 적는 데서 끝나지 않는다. 고등학교 3년간의 모든 활동이 진로와 얼마나 긴밀히 연결되었는지를 대학은 평가한다. 단순히 활동을 나열하는 것이 아니라, 학생의 생각과 문제 해결 과정이 드러나는 '스토리가 있는 포트폴리오'를 대학은 원한다.

이 장에서는 희망 진로 설정부터 관련 교과와 비교과 활동 연결, 추천 독서, 과목 선택, 실전 포트폴리오 구성법까지 구체적인 단계별로 안내한다. 학생이 스스로의 활동을 명확한 스토리텔링 구조로 구성하고, 자신만의 강점을 효과적으로 드러낼 수 있도록 하는 실전 가이드를 제공하는 것이 이 장의 핵심이다.

$$5\text{-}1$$

진로 연계 실전 포트폴리오 설계

핵심 메시지

진로 설계란 단순히 대학의 전공을 고르는 일이 아니다. 고등학교 3년간 모든 활동의 방향을 명확히 정하는 것이다.

고등학교 기간은 진로를 확정하는 시간이 아니라, 탐색하고 확장하는 기간이다. 따라서 학생부, 교내 활동, 탐구 보고서, 동아리 주제, 교과 세특 기록 등 모든 요소는 '진로 가능성'을 명확히 보여주는 수단이어야 한다.

효과적인 진로 설계를 위한 핵심 3요소

핵심 요소	구체적인 내용
1 진로 관심 분야 설정	계열(이과/문과/예체능)을 명확히 하고, 관련 전공 후보군 설정
2 연계 교과목 구성	선택한 진로와 직접 연관된 교과목을 사전에 이수 및 탐색

핵심 요소	구체적인 내용
3 탐구 활동과 연결	동아리 활동, 보고서 작성, 교외 활동 등을 진로와 구체적으로 연결

진로와 연계한 교과목 선택 전략

진로 계열	필수 및 핵심 과목 추천 구성
의학·간호	생명과학, 화학, 심화 생명과학, 보건 관련 교과목
공학 계열	수학(미적분, 기하 필수), 물리학, 정보 관련 교과목
사회과학	사회탐구 과목 전체, 통계학, 인문논술 교과목 구성
인문 계열	국어, 역사, 철학, 문학비평, 심리학 중심 교과목 구성
교육 계열	교육학, 심리학, 아동발달 등 관련 교과목 중심 구성
콘텐츠·언론	미디어 분석, 논술, 독서 세미나 등 관련 교과목 중심 구성

진로 설계를 위한 체크리스트

- 내 진로는 명확하고 구체적인 명칭으로 표현 가능한가?
- 해당 진로와 관련된 교과목을 최소 2과목 이상 선택하여 이수했는가?
- 동아리 활동이나 보고서를 통해 진로 탐색의 근거를 분명히 제시했는가?
- 진로와 관련된 도서를 읽고, 그 내용을 독서 기록으로 남겼는가?

- 진로 탐색 과정에서 변화와 성찰의 기록을 명확히 남겼는가?

진로 성찰을 위한 구체적 질문 예시

질문	질문의 목적
왜 이 진로에 관심을 갖게 되었는가?	진로 선택의 동기 탐색
이 진로가 요구하는 핵심 역량은 무엇인가?	진로와 관련된 교과목 연결
어떤 활동을 통해 실제 경험을 했는가?	탐구와 실제 실행력 강조
이 활동과 경험을 통해 무엇을 느꼈는가?	구체적 성찰 능력 평가
앞으로 무엇을 더 하고 싶은가?	확장 가능성을 구체적으로 제시

간호학과 희망 학생 실제 사례

항목	구체적 내용
교과 선택	생명과학 I, 화학 I, 심화 생명과학
동아리 활동	헌혈 캠페인 동아리, 응급처치 탐구 소모임
보고서	"노인의료복지 정책과 간호사의 역할 비교 분석" 보고서 작성
독서 활동	『간호사의 길』, 『환자를 살리는 말』
세특 요약문	"간호 전문직의 현실 인식과 직업윤리 탐구를 통해 현장 중심 문제의식 명확히 표현"

기계공학과 희망 학생 실제 사례

항목	구체적 내용
교과 선택	물리학 I, 수학(미적분 II), 기하, 기술가정
동아리 활동	3D 프린터 제작 동아리, 기계장치 해부 및 분석 소모임
보고서	"전동기의 구조와 회전자 방식에 따른 효율성 차이 분석" 보고서 작성
독서 활동	『기계를 설계하는 사람들』, 『로봇의 시대』
세특 요약문	"기계의 원리를 집요하게 탐구하고, 실제 제작에 도전하는 주도적 실행력 강조"

경영학과 희망 학생 실제 사례

항목	구체적 내용
교과 선택	사회문화, 경제, 통계학, 진로선택 교과(인문통계 등)
동아리 활동	창업 모의 경진대회 동아리, 마케팅 전략 탐구 소모임
보고서	"편의점 무인결제 시스템 도입 이후 소비자 반응과 만족도 분석" 보고서 작성
독서 활동	『넛지』, 『하버드 상경수업』
세특 요약문	"소비자 심리와 경제 현상 간의 연결성을 바탕으로 데이터를 분석하고 문제 해결력을 높임"

생명공학과 희망 학생 실제 사례

항목	구체적 내용
교과 선택	생명과학 I·II, 화학 I, 심화 생명과학, 생명공학 기초
동아리 활동	유전자 편집 실험 동아리, 바이오 윤리 탐구 소모임
보고서	"CRISPR 유전자 가위 기술의 원리와 생명윤리적 쟁점 탐구" 보고서 작성
독서 활동	『생명과학, 그 경이로움』, 『우리는 어떻게 유전자를 고치는가』
세특 요약문	"첨단 생명공학 기술에 대한 깊이 있는 이해와 윤리적·사회적 쟁점을 균형 있게 탐구함"

진로 방향이 불분명할 경우 효과적 전략

- 계열 중심 설계: 이과/문과 중 하나를 먼저 선택한 후 광범위하게 탐색하며 좁혀나가기
- 적성 탐색 우선: 다양한 교과목과 활동을 경험한 뒤 자신의 적성을 점차 구체화하기
- 교과 성적 기반 탐색: 잘하는 과목을 중심으로 진로 가능성을 찾고 구체화하기
- 독서 중심 접근: 진로 관련 책을 꾸준히 읽으며 자신의 관심 분야를 구체적으로 확인하기

진로별 교과 연계표

진로 분야	필수/권장 과목	연계 탐구 주제	유의사항 및 전략적 조언
의예과·간호학과	생명과학Ⅰ·Ⅱ, 화학Ⅰ, 심화 생명과학	장기 이식 윤리, 질병 기전 분석	과학 세특 필수, 윤리·보건 교양과목 추가 시 효과적
기계공학·로봇공학	물리학Ⅰ, 기하, 미적분Ⅱ, 기술가정	동력전달 장치 비교, AI 로봇 시스템 설계	수학·물리 연계 강조, 자율 탐구와 실험 과제 중요
전자전기공학	물리학Ⅰ·Ⅱ, 전자기학 기초, 수학(기하)	반도체 구조 분석, 전자회로 설계	전자기·신소재 분야 최신 기술 탐색 필요
생명공학	생명과학Ⅰ·Ⅱ, 화학Ⅰ, 데이터과학 기초	유전자 편집기술(CRISPR) 탐구	기술·윤리 융합 탐색 강조, 보고서와 윤리 탐구 병행

진로 분야	필수/권장 과목	연계 탐구 주제	유의사항 및 전략적 조언
경영·경제학	사회문화, 경제, 인문통계, 실용금융	ESG 경영 분석, 소비자 행동 실험	수학·통계 기반 분석 필수, 기업 사례 탐구 추천
심리학·교육학	사회문화, 생활과윤리, 심리학 개론(교양)	청소년 심리 분석, 교육정책 변화 탐색	발표·설문 기반 탐구 추천, 상담봉사 등 비교과 연계
건축·디자인학	기하, 미적분, 미술창작, 기술가정	친환경 건축 설계, 도시 공간 구조 분석	도면 작성·구조 해석·미학 융합 과제 포함 시 유리
AI·컴퓨터공학	수학(미적분 II), 정보, 데이터과학	딥러닝 원리 분석, 챗봇 알고리즘 개발	교과 연계 외 Python 활용 탐구 보고서 효과적
법학·행정학	정치와 법, 사회문화, 생활과윤리	헌법 쟁점 탐색, 사회정의 주제 토론	시사 자료 분석 및 법률사례 탐구 중요, 논·서술형 강조
언론·미디어학	국어, 사회문화, 미디어리터러시	언론 표현 자유 vs 허위 정보 규제 탐구	인터뷰·기사 작성 등 실전 활동과 세특 연계 추천

사용 방법

- 위 표는 2025~2028 대입제도의 '계열 적합성'과 '도전성' 기준을 반영함.
- '필수/권장 과목'은 대학별 입학처에서 제시한 핵심 반영 과목을 기준으로 구성.
- '연계 탐구 주제'는 실제 보고서 및 발표 과제로 확장 가능성이 높은 주제를 선정함.
- '유의사항'은 학생부 기록 방식과 대학별 평가 경향을 고려한 전략적 조언임.

진로별 추천 독서 목록

(출처: 『세계경제포럼 미래직업보고서 2025』 주요 전망 + 상위권 대학 합격생 독서 사례 기반)

진로 분야	추천 도서 (국내/해외)	독서 확장 활동 예시
의예과·간호학	『숨결이 바람 될 때』(폴 칼라니티), 『왜 우리는 죽음을 두려워할 필요 없는가』(한스 요나스)	생명윤리 세미나, 환자 공감 토론
기계·로봇공학	『로봇 다빈치』(장길수), 『머신 플랫폼 크라우드』(에릭 브린욜프슨)	로봇 디자인 비교 분석, 기계 윤리 이슈 토론
전자전기공학	『반도체 제국의 미래』(정인성), 『코드의 정석』(찰스 펫졸드)	반도체 구조 PPT 제작, 전자기 실험 보고서
생명공학	『유전자의 내밀한 역사』(신시아 러스틱), 『크리스퍼가 온다』(제니퍼 다우드나)	유전자 윤리 찬반 토론, 생명윤리 신문 만들기

진로 분야	추천 도서 (국내/해외)	독서 확장 활동 예시
경영·경제학	『넛지』(리처드 세일러), 『불확실성의 시대』(김경일)	소비 심리 실험 보고서, 마케팅 전략 토론
심리학·교육학	『정신병의 나라에서 왔습니다』(리 커티스), 『성격의 탄생』(대니얼 네틀)	심리 실험 설계, 상담 일지 작성 체험
건축·디자인학	『건축은 어떻게 내 삶을 바꾸는가』(이토 도요), 『디자인의 디자인』(하라 켄야)	친환경 건축 모형 제작, 디자인 평론 쓰기
AI·컴퓨터공학	『AI 2041』(리카이푸), 『생각하는 기계들』(리처드 용크)	인공지능 윤리 토론, 챗봇 설계 탐구 보고서
법학·행정학	『법의 이유』(김두식), 『정의란 무엇인가』(마이클 샌델)	헌법 쟁점 토론, 판결문 작성 실습
언론·미디어학	『팩트풀니스』(한스 로슬링), 『뉴스의 시대』(알랭 드 보통)	뉴스 리터러시 분석, 칼럼 작성 프로젝트

☀️**TIP**

독서 활동을 세특 기록으로 연결하기

- 한 문장으로 '배운 점'을 정리하고, 실제 활동과 연결하여 기록

  예: "AI의 구조와 한계에 대한 이해를 바탕으로 챗봇 알고리즘의 편향성을 탐구함"

- 독서 후 PPT 제작, 보고서 작성, 발표, 포스터 제작 등 심화 탐구 활동으로 연결 시 높은 평가 가능
- 독서와 연계된 동아리, 체험활동, 창체 프로젝트와 연결하면 세특 완성도가 높아짐

부록: 진로별 추천 영어 원서 목록 (원제 기준)

선정 기준:

1. 국내 주요 대학(서울대/연세대/고려대 등) 합격생 다빈도 독서
2. 진로 적합성 및 탐구·토론 확장 가능성
3. Lexile 난이도 고려

진로 분야	추천 영어 원서	활용 예시
의예과·간호학	Being Mortal (Atul Gawande), The Man Who Mistook His Wife for a Hat (Oliver Sacks)	인간 생명 존엄 토론, 의료 윤리 탐구
기계·로봇공학	The Innovators (Walter Isaacson), How We Got to Now (Steven Johnson)	기술 진보 윤리 분석, 로봇 진화사 발표
전자전기공학	Code (Charles Petzold), The Chip (T. R. Reid)	반도체 기술 발표, 전자기 탐구 보고서
생명공학	The Gene (Siddhartha Mukherjee), Genome (Matt Ridley)	유전자 조작 찬반 토론, DNA 구조 시뮬레이션
경영·경제학	Freakonomics (Steven Levitt), Thinking, Fast and Slow (Daniel Kahneman)	경제 심리 실험, 비합리적 소비 분석

진로 분야	추천 영어 원서	활용 예시
심리학·교육학	Quiet (Susan Cain), The Power of Habit (Charles Duhigg)	내향성과 학습, 행동 변화 실험 보고서 작성
건축·디자인학	Design as Art (Bruno Munari), The Architecture of Happiness (Alain de Botton)	공공 디자인 분석, 공간감성 리서치
AI·컴퓨터공학	Life 3.0 (Max Tegmark), Architects of Intelligence (Martin Ford)	AI 윤리 토론, 인공지능 진로 발전 보고서
법학·행정학	Just Mercy (Bryan Stevenson), The Rule of Law (Tom Bingham)	법적 정의 토론, 판례 분석 보고서
언론·미디어학	Amusing Ourselves to Death (Neil Postman), Blur (Bill Kovach)	미디어 리터러시 탐구, 뉴스 왜곡 사례 분석

※TIP

실전 적용 팁

- 교내 영어 독서 활동과 연계하여 세특 및 자기소개서에 활용 가능
- 독서 요약문은 '핵심 주제, 인상적 사례, 탐구 질문, 활동 연결, 성찰과 향후 계획'의 구조로 작성
- 예: "『Life 3.0』을 통해 AI의 자율성과 윤리적 위험을 이해하고, 동아리 활동에서 'AI 규제 모델'을 탐구함"

(5-4)

진로별 포트폴리오 설계 실전 전략

핵심 메시지

진로를 입증할 수 없다면 평가자는 신뢰하지 않는다.

과목 선택 → 탐구 활동 → 세특 기록 → 자기성찰 → 자소서 → 면접까지 연결된 구조화된 포트폴리오가 입시 성패를 가른다.

왜 '진로 포트폴리오'인가?

- 단순 활동 나열은 이제 통하지 않는다.
- 평가자는 학생이 왜 해당 활동을 했고, 그 과정을 어떻게 수행했으며, 무엇을 배웠고, 어떻게 확장했는지를 본다.
- 즉, 과정 중심 + 진로 연계 중심의 포트폴리오 설계가 필요하다.

포트폴리오 구성 5단계

단계	구성 요소	핵심 질문
1	진로 탐색	나는 왜 이 진로를 선택했는가?
2	연계 교과 과목 구성	어떤 과목에서 어떻게 연계 활동을 했는가?
3	탐구·활동 매칭	어떤 탐구를 통해 지식을 확장했는가?
4	성찰 기록	무엇을 느끼고, 어떤 태도를 갖게 되었는가?
5	입시 연결 (자소서·면접·학종 서류)	이 경험이 내 진로 준비에 어떤 의미였는가?

실전 포트폴리오 예시

예시 1 (전자전기공학과 진로)

항목	내용
교과 선택	물리학 Ⅰ, Ⅱ, 정보, 진로선택(전자기와 회로)
탐구활동	아두이노 기반 조도센서 회로 설계 및 조도값 그래프화
보고서 및 세특 요약문	아두이노에 조도센서를 연결하여 빛의 세기에 따라 동작하는 LED 회로를 설계함. 전류의 흐름, 센서 응답 속도, 회로 내 오류 발생을 분석하고 재설계함. 이를 통해 전류-저항 관계의 실제적 의미를 이해하고, 물리학적 개념이 실제 회로에 적용되는 방식을 탐구함.

항목	내용
자소서· 면접 연결	"회로의 불완전성이야말로 나의 탐구 출발점이었다"라는 스토리로 면접 설계
포인트	교과 개념 → 실제 구현 → 반성적 사고 흐름 입증

예시 2 (경영학과 진로)

항목	내용
교과 선택	경제, 수학(확률과 통계), 진로선택(인문통계)
탐구활동	'고교 내 자판기 상품 변화'에 대한 수요 예측 모델링
보고서 및 세특 요약문	교내 자판기의 판매 데이터를 수집하여 소비 트렌드 분석 및 향후 상품 구성 전략 제시. 기초 통계 기법(중앙값, 회귀분석 등)을 활용해 수요를 예측하고, 친환경 음료 확대 방안을 제안함.
자소서·면접 연결	"작은 데이터를 통해 사람들의 선택을 분석하는 것이 재미있었습니다"
포인트	학교 내 실생활 문제 → 사회적 적용 확장력 강조

예시 3 (생명공학과 진로)

항목	내용
교과 선택	생명과학 I·II, 화학 I, 진로선택(생명과학 실험)
탐구활동	'소독제 종류에 따른 세균 생장 억제 효과 실험'

항목	내용
보고서 및 세특 요약문	다양한 소독제(알코올, 차아염소산 등) 처리 후 세균 배양 실험 수행. 배양 접시 내 세균 증식률을 정량화하여 항균력을 비교함. 실험 과정에서 오염 방지와 반복 실험 설계의 중요성을 체감하고, 논문 참조를 통해 실험 설계의 과학성을 강화함.
자소서·면접 연결	"반복 실험과 실패 속에서 저는 생명과학자의 태도를 배웠습니다."
포인트	실험 계획력 + 윤리적 태도 + 반복과 성찰의 흔적 입증

포트폴리오 관리 체크리스트

항목	YES	NO
진로 연계 과목을 의도적으로 설계했는가?	☐	☐
각 활동마다 목적-과정-배움이 명확한가?	☐	☐
세특 요약문을 직접 설계하고 피드백 받았는가?	☐	☐
기록물(보고서, 발표자료 등)을 정리하고 있는가?	☐	☐
자소서·면접에 연결 가능한 핵심 스토리가 있는가?	☐	☐

(5-5)

유망 직업 및 유망 학과 분석

핵심 메시지

대학 입시는 '과거의 직업'을 위한 것이 아니다. 산업의 변화를 이해하고, 미래 유망 분야를 선점하는 전략이 필요하다.

미래 유망직업 분석: 2025 세계경제포럼 기준

(출처: 『The Future of Jobs Report 2025 - World Economic Forum』)

분야	유망 직업 (Top 15)	핵심 기술
IT/AI	AI 전문가, 데이터 분석가, 머신러닝 엔지니어	Python, TensorFlow, 데이터 시각화
공학	로봇공학자, 스마트팩토리 전문가, 반도체 공정 엔지니어	제어 시스템, 회로설계, CAD
바이오/헬스	바이오인포매틱스 전문가, 정밀의료 기획자	생명정보학, 통계, 유전체 해석

분야	유망 직업 (Top 15)	핵심 기술
환경/에너지	탄소중립 기획자, 신재생에너지 기술자	ESG, 기후 모델링, 에너지 관리
교육/심리	진로설계 컨설턴트, 교육 빅데이터 분석가	상담심리, 교육공학, 통계
콘텐츠/미디어	UX 디자이너, 콘텐츠 전략가	브랜드 기획, 사용자 경험 설계
보안/법무	AI 보안전문가, 디지털 포렌식 분석가	정보보안, 리눅스, 법의학

☀️ **TIP**

직업명보다 '핵심 기술'에 집중하여 고등학교 과목 선택과 탐구 활동의 연계 실마리로 활용한다.

진로별 유망 학과 리스트 (연계 학과 Top 20)

학과	관련 직업	고교 교과 연계
AI학과	인공지능 개발자	수학, 정보, 통계
바이오메디컬공학과	유전자치료 개발자	생명과학, 화학
에너지공학과	신재생에너지 개발자	지구과학, 물리
전기전자공학과	반도체 공정 엔지니어	물리, 수학, 기하
산업디자인과	UX 디자이너	미술, 기초디자인, 정보

학과	관련 직업	고교 교과 연계
심리학과	상담사, UX 리서처	사회, 윤리, 통계
통계학과	데이터분석가	수학, 확률과 통계, 인문통계
컴퓨터공학과	백엔드 개발자	정보, 수학, 알고리즘
국제학과	외교관, 국제기획자	영어, 세계사, 사회문화
간호학과	임상간호사, 공공보건 전문가	생명과학, 보건
교육공학과	에듀테크 개발자	정보, 교육심리, 통계
건축학과	도시설계가	수학, 기하, 기술가정
환경공학과	ESG 전문가	지구과학, 생명과학
로봇공학과	자율주행 시스템 개발자	물리학, 수학
사회복지학과	사회복지사	윤리, 사회문화
문화콘텐츠학과	콘텐츠 디렉터	국어, 사회
식품영양학과	식품안전관리자	생명과학, 화학
회계학과	재무설계사	수학, 경제, 상업
항공우주공학과	위성 시스템 엔지니어	물리학, 기하
디지털헬스케어학과	디지털 의료기기 개발자	생명과학, 정보

전략적 활용 포인트

- 유망 직업은 계속 바뀌지만, 핵심 기술은 일정 기간 유지된다.

  → 기술 키워드를 중심으로 고등학교 교과 선택과 세특 탐구 활동 설계에 활용한다.

- 학과 선택은 '직업 → 기술 → 학과'의 순서로 접근한다.

- 고교 단계에서 다음을 우선적으로 준비한다:

준비 항목	실천 전략
과목 선택	희망 전공에 필요한 교과 (필수·권장 과목) 확보
탐구 활동	관련 이슈 기반 활동 기획 (논문·기사 활용)
세특 전략	교과 + 진로 연계 주제 도출, 성찰문 구조화
교외 자료	진로별 독서, 온라인 MOOC 수강 등 병행

진로-탐구-세특 연결 설계 전략

핵심 메시지

진로가 없는 세특은 평가되지 않는다.

진로-탐구-세특이 유기적으로 연결될 때, 입시는 움직인다.

왜 연결 전략이 필요한가?

- 대입 평가자는 '학업역량 + 진로역량 + 공동체역량'을 동시에 본다.
- 단순한 과목 참여나 성실함은 차별화되지 않음.
- 탐구 활동은 '진로 목표'라는 방향성을 가질 때 세특에서 설득력을 가진다.

    → 단순 독후감과 전공 심화 독서의 차이, 단순 보고서와 전공 탐색 보고서의 차이

진로 기반 설계의 기본 구조

1 진로 설정 → 2 과목/주제 탐색 → 3 탐구 실행 → 4 세특 구조화

단계	주요 질문	예시
진로 설정	나는 무엇이 되고 싶은가?	기계공학자
주제 탐색	어떤 과목/이슈와 연계할 수 있을까?	기계 요소 설계, AI 기반 자동화
탐구 실행	어떻게 활동할 것인가?	실험, 인터뷰, 기사 분석, 현장 방문 등
세특 구조화	이 활동은 무엇을 말해주는가?	전공 이해도, 실행력, 문제해결력

※ **TIP:**

교과 탐구 → 보고서 → 요약문 → 세특 → 포트폴리오로 연결되는 구조 설계 필수.

연결 전략의 핵심 원칙 3가지

원칙 1: 분산 배치 전략

- 같은 진로를 모든 교과에 동일하게 드러내는 건 위험함

  주요 과목(국·영·수·사·과)에 각기 다른 방식으로 진로 요소를 분산 배치

- 예시:

  AI 보안 전문가 희망 시

  정보: 암호화 알고리즘 실험

  수학: 확률 기반 보안 시스템 모델링

  국어: 사이버 윤리 관련 독서 토론

  과학: 양자암호 기술 관련 기사 분석

원칙 2: 핵심 기술 접점 확보

- 희망 직업에 필요한 기술을 고교 교과에 '녹여서 표현'

  세특에 '기술 기반' 탐구 주제를 언급하면 학업역량 + 진로역량을 동시에 보여줌

- 예시:

  생명공학 희망 → PCR, DNA 분석, 유전자 치료 탐색

  산업디자인 희망 → Figma 활용 UI 디자인 시안 제작

원칙 3: 세특 요약문으로 교사 유도

- 활동 후 교사에게 '세특 요약문'을 정리하여 제출하면 기록 반영 가능성이 증가함

- 요약문은 다음의 5문장 공식을 활용할 것

항목	설명	예시
무엇	활동 내용	'에너지 전환'을 주제로 과학 논문 조사
왜	활동 배경	환경공학 진로를 위해 관련 주제 선택
어떻게	활동 방식	실험 자료 분석 및 발표 자료 제작
배운 점	성찰	탄소중립 개념 이해, 발표력 향상
확장	연결 계획	환경법·ESG 과목 연계 탐색 계획

연결 전략 실전 예시

(기계공학과 희망 학생)

교과	탐구 활동 예시	세특 요약 핵심
수학	기하 기반 톱니 설계 분석	수학적 구조 분석력 강화
과학	로봇 구동 실험	실험 분석 및 설계 이해
정보	CAD 툴 활용 설계 시뮬레이션	소프트웨어 실무 역량 드러냄

(경영학과 희망 학생)

교과	탐구 활동 예시	세특 요약 핵심
수학	함수 기반 수요예측 모델 분석	데이터 활용 역량 표현
사회	경제지 독서 후 경제 현상 해설	비판적 사고력 강조
영어	글로벌 기업 사례 발표	커뮤니케이션 능력과 발표력

☀TIP

실전 정리

상황	전략
진로가 명확할 경우	관련 교과에 분산 배치 후 전공 탐색형 탐구 설계
진로가 불명확할 경우	폭넓은 주제로 탐색 후, 탐구 결과를 통해 진로 연결

상황	전략
세특이 안 써질 때	요약문을 적극적으로 교사에게 제출 (활동 목적과 배운 점 강조)
탐구 활동 부족 시	기사 분석, 독서, 토론 등 다양한 활동 조합 활용

상황	전략
탐구 활동 부족 시	기사 분석, 독서, 토론 등 다양한 활동 조합 활용

실전 포트폴리오 구성과 Q&A 사례 분석

핵심 메시지

"생기부가 평가받는다면, 포트폴리오는 설득하는 무기다."

왜 포트폴리오가 필요한가?

생기부는 '학교 기록' 중심 → 평가자가 직접 판단

포트폴리오는 학생의 자기 설계와 문맥을 드러냄

특히 면접, 자기소개서, 수시 컨설팅에서 강력한 무기

포트폴리오의 기본 구성

구분	내용	체크포인트
커버	이름, 사진, 희망 전공 등	디자인 통일감, 진로 명확성
진로탐색	독서, 영상·강의, 활동 정리	진로 동기와 변화 과정 강조

구분	내용	체크포인트
탐구 활동	보고서, 실험, 조사 결과	주제, 실행, 성찰의 흐름 필수
교내 활동	동아리, 대회, 발표 등	평가자 입장에서 명확히 정리
비교과	봉사, 독서, 창체 활동 등	진로와 연결된 활동 우선 배치
자기소개	핵심 성찰 및 장점 요약	STAR 기법 활용 가능

포트폴리오 구성 실전 예시

(생명공학과 희망 학생)

항목	내용
독서	『유전자』(시드하르타 무케르지), 『CRISPR 혁명』
탐구	유전자 편집 기술 분석 보고서 (유전 윤리 포함)
활동	생명과학 실험 동아리, 유전자 모델 만들기
성찰	생명과 윤리의 균형에 대한 고민 기술

(경영학과 희망 학생)

항목	내용
독서	『21세기 자본』, 『넛지』
탐구	행동경제학 사례 분석, 설문조사 및 데이터 시각화

항목	내용
활동	경제신문 브리핑 동아리, 모의 창업 활동
성찰	소비자 행동에 대한 이해를 기반으로 마케팅 방향 탐색

(Q&A 유형별 정리)

질문	핵심 답변 전략
"어떤 진로를 희망하나요?"	구체적 진로와 탐색 경험 기반 설명
"해당 진로를 어떻게 탐색했나요?"	독서·강의·토론 → 탐구와 실행의 흐름 강조
"이 활동을 통해 무엇을 배웠나요?"	성찰 중심으로 한계 극복 또는 확장 계획 포함
"왜 이 전공이 당신과 맞다고 생각하나요?"	활동, 탐구, 성찰의 일관된 맥락 제시

☀️**TIP**

포트폴리오 실전 작성

- 파일 형식: PDF 권장 (링크형, 인쇄형 모두 대응 가능)
- 페이지 수: 10~15페이지 내외
- 디자인: 색상 2개 이하, 폰트 통일 유지
- 표지와 목차 필수 구성
- 한 페이지에 하나의 핵심 메시지 명확히 제시

실전 평가 기준 (면접/서류 활용 시)

항목	평가 기준
진로 명확성	활동과 탐구가 전공과 명확히 일치하는가
실행력	단순 참여가 아닌 '문제 해결 노력'이 드러나는가
확장성	활동이 이후 계획으로 어떻게 이어졌는가
일관성	탐색, 실행, 성찰이 유기적으로 연결되어 있는가
독창성	자신의 목소리와 주도성이 명확히 드러나는가

포트폴리오 작성 시 자주 하는 실수

- 다양한 활동 나열에 그치고, 핵심 메시지가 없음
- '이 활동을 했다'만 강조하고, 왜 했는지와 무엇을 느꼈는지가 없음
- 탐구 주제가 전공과 직접적으로 연계되지 않음
- 성찰이 구체적이지 않고 "배움이 많았다" 수준으로 마무리됨

6장

학년별 실행 로드맵과 마무리 전략

전략은 계획에서 끝나지 않는다. 실천으로 이어질 때 진짜 결과를 만든다. 특히 학년이 올라갈수록 시간은 빠르게 흐르고, 준비할 수 있는 기회는 줄어든다. 따라서 고1~고3 각 학년별로 무엇을 준비해야 하고, 언제 어떤 선택을 해야 하는지가 명확해야 한다.

이 장에서는 연간 실천 로드맵과 더불어 자기소개서, 면접, 학생부 마무리 전략까지 모두 아우른다. 실제 입시 시즌에 활용 가능한 일정표, 체크리스트, 면접 기초 질문 리스트 등을 함께 제공하여 전략 수립부터 실행까지 한 번에 완성할 수 있는 실전 로드맵을 제시한다.

$$6\text{-}1$$

입시 준비의 골든타임은 '고1'부터 시작된다

2028학년도 대입의 핵심은 고교학점제, 5등급제, 정성평가 강화이다.
수시 전형은 단기간 몰입으로 뒤집기 어렵다. 고1부터 방향을 설정하고,
고2에서 구체화하며, 고3에서 완성하는 로드맵이 반드시 필요하다.

(6-2)

고1 실행 전략: 방향을 정하고 경험을 쌓아라

항목	실전 가이드
진로 탐색	진로 관련 독서 및 체험 활동을 3회 이상 기록으로 남기기
과목 선택	전공 관련 과목 위주 선택, 교과 교사와 상담 필수
탐구 주제	융합·사회적 이슈 기반의 탐구 활동 1회 이상 수행
동아리 활동	전공 연계 또는 진로 탐색 목적의 동아리에 참여
생기부 준비	활동 후 요약문 제출을 루틴화하기 (5문장 공식 활용)
추천 활동	진로진단 검사, 진로 특강 참여, 고교 교과 전시회 관람 등

(6-3)

고2 실행 전략: 기록을 만들고 확장하라

항목	실전 가이드
세특 심화	탐구 활동 2~3회 실시, 동료·교사와 협력하는 프로젝트 권장
수행평가	PPT 발표와 보고서 과제를 파일로 저장하여 포트폴리오로 관리
교과 내 발표	국·영·수·사·과 각 교과에서 1회 이상 발표 연습 → 생기부 기록 유도
외부 활동	교내와 연계된 프로그램 중심으로 진행, 교사 승인 여부 사전 확인 필수
자기소개서 초안	여름방학 중 1차 버전 작성, STAR 구조를 기반으로 훈련
추천 활동	전공 관련 논문 읽기, 대입 전공 가이드북 분석, 고3 선배 사례 탐색

고3 실행 전략: 정리하고, 설득하라

항목	실전 가이드
생기부 마무리	1학기까지 세특·창체 활동을 마무리하고, 중복·누락 여부 철저히 확인
자기소개서	여름방학 전에 최종본을 제출하며, 구체성과 성찰 중심으로 구성
면접 대비	예상 질문을 수집하여 모의면접을 3회 이상 실시
정시 대비	선택 과목별 취약 단원을 파악하여 파이널 보완 전략 수립
수시 전략	6개 대학 조합 시 정량평가와 정성평가 혼합을 고려하여 설계
포트폴리오	희망 학과별 주제를 정리하고 탐구-활동-성찰의 맥락 명확히 정리
추천 활동	대학별 면접 기출 분석, 졸업생 합격 포트폴리오 열람, 발표 연습 영상 촬영 및 분석

(6-5)

자기소개서 실전 전략

구성 항목	작성 전략	실전 팁
진로 설정 동기	독서 및 체험 기반의 스토리로 시작	구체적인 책 제목과 경험 직접 제시
학업역량	교과목 활동 + 탐구 및 성취 중심으로 정리	과목명을 구체적으로 직접 언급
전공적합성	교내 활동과 세특 내용을 정리	과목 간의 연계를 강조하여 작성
발전 가능성	성찰과 반복, 실패 극복 경험 강조	MECE 구조를 활용하여 정리
마무리	진로 결심과 포부를 간결히 정리	감정 표현보다는 논리적 표현 중심

$$6\text{-}6$$

면접 실전 전략

항목	전략
기본 질문	자기소개, 진로 동기, 탐구 활동 정리
세부 질문	세특 기반 예상 질문 5개 이상 사전 작성
피드백 루틴	모의면접 → 영상 촬영 → 교사 피드백 수렴
핵심 프레임	STAR (상황-과제-행동-결과) 구조 사용
MECE 원칙	중복 없이, 빠짐없이 핵심 메시지 나눔

학년별 체크리스트 요약표

구분	고1	고2	고3
진로 탐색	O	△	△
탐구 활동	1회 이상	2~3회	주제 정리 및 심화
세특 기록	활동 후 요약문	심화 활동 중심	점검 및 보완
자기소개서	주제 설정	초안 완성	최종 제출
면접 준비	X	예상 질문 수립	실전 모의면접
수행평가	참여	결과물 저장	포트폴리오 정리

양식 및 템플릿 외

[부록 1] 세특 요약문 작성 양식

항목	내용 작성 예시
활동명	(예: LED 회로 설계 실험)
활동 목적	(예: 반도체 원리 이해 및 물리학 진로 탐색)
활동 내용	(예: 옴의 법칙 검증 → 회로 설계 → 오류 분석 및 재실험)
배운 점	(예: 비선형 전류 흐름 이해, 설계 시 저항 조절의 중요성 습득)
확장 방향	(예: 자율주행 회로 설계 탐구, 물리 II 연계 실험 계획)

☀**TIP**

- 위 항목을 '5문장 요약문' 형식으로 재정리하여 교사에게 전달한다.
  예시:
  "반도체 전공 진로와 연계해 LED 회로 설계 실험에 참여했다. 옴의 법칙을 기반으로 회로를 설계하고, 오류 발생 시 원인을 분석하여 재실험을 실시했다. 그 과정에서 전류의 흐름이 단순하지 않다는 사실과 설계의 중요성을 깨달았다. 본 활동은 향후 자율주행 시스템의 회로 설계에 적용할 계획이다. 이를 통해 물리 II 과목의 심화 주제를 설정할 예정이다."

[부록 2] 교과 탐구 보고서 양식

항목	내용 작성 예시
제목	(예: 빛의 굴절과 렌즈의 초점 거리 변화 실험)
과목명	(예: 물리학Ⅰ)
탐구 동기	(예: 카메라 렌즈 기술에 관심이 생겨, 초점 거리와 빛의 굴절 원리를 직접 확인하고자 함)
이론적 배경	(예: 굴절률, 스넬의 법칙, 볼록·오목 렌즈의 특성)
탐구 방법	(예: 광원, 렌즈, 스크린을 활용해 초점 거리 변화 측정)
결과 및 분석	(예: 렌즈 곡률 반경 변화에 따른 초점 거리의 선형 변화 측정, 실측값과 이론값 비교)
느낀 점 및 확장 가능성	(예: 이론과 실험 간의 오차 요인을 직접 분석하며, 향후 광학 기기 개발 분야로 확장 가능)

☀TIP

- 분량은 A4 기준 1~2장 권장
- 표·사진·그래프 등 시각 자료를 포함하면 평가에서 우수
- 교과 지식과 연결, 실생활 사례 적용, 자신의 진로와 연결하면 세특 반영률 상승

[부록 3] 자기소개서 초안 템플릿 (2028 학생부 종합전형 대비용)

대학별 공통 자소서 항목 예시(3가지 기준)에 따라 구성합니다.

분량: 항목당 1,000자 이내 권장 (대학에 따라 800~1,500자 차이 있음)

학업에 기울인 노력과 학습 경험

핵심 질문:

- 어떤 교과에서 가장 의미 있는 학습을 했는가?

- 어떤 방식으로 학습했고, 어떤 결과나 성장을 이루었는가?

소항목	내용 작성 예시
교과명	예: 물리학 I
목표 설정	예: 물리 II 진학 대비 심화 이해
학습 방식	예: 주제별 스터디, 교과 연계 보고서 작성, 발표 주도
성장·성과	예: 개념 정리 능력 향상, 성취도 A+, 세특에 '심화학습 주도' 표현 반영

진로 목표에 대한 노력과 활동

핵심 질문:

- 본인의 진로는 무엇이며, 이를 위해 어떤 활동을 수행했는가?
- 그 활동은 진로에 어떻게 기여했는가?

소항목	내용 작성 예시
진로 희망	예: 전자공학과
활동명	예: 자율주행 회로 설계 프로젝트
활동 내용	예: 모형 차량에 센서 장착, 알고리즘 분석, 실험 보고서 작성
진로 연계	예: 회로 제어 이해 심화, 세특 반영, 관련 전공 교수 특강 참여

공동체 속에서의 태도와 협력

핵심 질문:

- 어떤 상황에서 타인과 협력했고, 어떤 태도·변화를 보였는가?

소항목	내용 작성 예시
상황	예: 동아리 공동 탐구 활동
갈등/과제	예: 주제 의견 충돌, 역할 분담 문제
대응 방식	예: 팀 회의 주도, 역할 재분배, 중재
성과 및 배움	예: 협업 중요성 인식, 팀워크 향상, 공동체 세특 우수 기록 반영

※TIP

- STAR 기법(상황-과제-행동-결과) 또는 MECE 구조 활용
- 객관적 실적 + 내면 변화(성찰) + 향후 확장 가능성 포함 시 가점
- 자기 자랑식보다 '배운 점' 중심으로 진정성 있게 표현

[부록 4] 면접 시뮬레이션 질문지 & 답안지 양식

학생부 기반 블라인드 면접, 전공적합성·학업역량 중심 면접을 대비하는 연습용 양식입니다. 질문 유형은 실제 대학별 기출 및 모의면접 자료를 참고하여 구성하였습니다.

자기소개 및 지원 동기

질문 예시

- 본인을 간단히 소개해 주세요.
- 우리 대학/학과를 지원한 이유는 무엇인가요?

교과 관련 탐구 경험 질문

질문 예시

- 세특에 기재된 '○○ 탐구'에 대해 설명해 주세요.
- 해당 활동에서 가장 어려웠던 점과 극복 방법은 무엇인가요?

진로 연계 및 전공 적합성

질문 예시

- 전공에 대해 얼마나 알고 있나요?
- 이 분야의 최신 이슈 중 하나를 설명해 주세요.

공동체 역량 및 인성 질문

질문 예시

- 협력이 필요한 상황에서 본인의 역할은 무엇이었나요?

- 갈등 상황을 해결한 경험이 있다면 말씀해 주세요.

상황형 질문 (예상 질문 대응)

질문 예시

- 대학 수업 중 이해가 잘 안 되는 내용이 있다면 어떻게 해결할 것인 가요?

- 전공 수업이 예상과 달라 흥미를 잃게 된다면 어떻게 할 것인가요?

☀TIP

- 모든 답변은 1구체적 상황 → 2나의 행동 → 3배운 점 중심으로 정리할 것

- 지나친 암기형 답변보다는 자연스러운 말하기 톤으로 연습할 것

- 모의면접 시 실제 질문에 대한 피드백 기록을 병행할 것

[부록 5] 고등학교 3개년 로드맵 체크리스트

각 학년별 핵심 과제와 준비 항목을 시기별로 정리한 실전 가이드입니다. 진로 설계, 세특 관리, 비교과 활동, 자기소개서 등 수시 기반 전략을 구조화했습니다.

고1 (탐색기)

구분	시기	주요 과제	체크
진로 탐색	1학기	MBTI/홀랜드 검사 활용, 진로 독서 3권 이상	☒
교과 관리	1학기	국·영·수 중심 내신 집중, 서술형 기초 훈련	☒
탐구 활동	여름방학	교과 탐구 보고서 1회, 발표형 과제 경험	☒
비교과	2학기	자율활동 및 동아리 참여 시작	☒
세특 설계	2학기	1학기 활동 요약문 제출 (3줄 이상)	☒

🥈 고2 (심화기)

구분	시기	주요 과제	체크
진로 연계	1학기	전공 관련 과목 선택 + 교외 독서 최소 2권	☒
세특 심화	1학기	과목별 탐구 경험 및 교사 피드백 반영	☒
보고서	여름방학	심화보고서 1~2편 작성 (탐구 또는 시사 주제)	☒

구분	시기	주요 과제	체크
비교과	2학기	동아리 심화 활동, 창의적 체험활동 기획	⊠
자기소개서	겨울방학	기초 템플릿 1차 완성 (자기이해 중심)	⊠

고3 (완성기)

구분	시기	주요 과제	체크
자기소개서	1학기	최종 원고 완성, 첨삭 최소 3회	⊠
면접 준비	1학기	예상 질문 및 답변 정리, 모의면접 2회 이상	⊠
최종 세특	1학기	주도적 활동 정리 및 교사와 협의	⊠
수능 준비	여름방학 이후	수능 집중 관리, 내신 대비 병행	⊠
서류 정리	9~10월	포트폴리오 구성, 지원 서류 최종 점검	⊠

사용법

- 각 항목 완료 시 체크 (⊠ → ✅)로 표기하여 관리할 것
- 학교 일정에 맞춰 시기 조정 가능
- 별도로 제공되는 [포트폴리오 구성 프레임]과 병행하면 효과 극대화 가능

[부록 6] 진로별 교과 연계표

진로에 따라 추천되는 고등학교 교과 과목과 활동 연계 예시입니다. 대학 입시에서 계열 적합성과 전공 준비도를 효과적으로 어필 가능하도록 구성했습니다.

사용법

- 진로 희망 분야를 선택한 뒤, 해당 과목 이수 및 활동 연계를 계획합니다.
- 교과 성취도 + 세특 기록 + 탐구활동이 일관되도록 구성하는 것이 핵심입니다.

진로 분야	주요 교과 과목	추천 진로 과목	연계 탐구·활동 예시
기계공학과	수학(미적분), 과학(물리 I · II)	기계공학 기초, 융합과학	회전체 원리 실험, 로봇 기초 설계
전자전기공학과	수학(기하), 과학(물리, 정보)	로봇공학, 전자회로	LED 회로 실험, 반도체 응용 탐구
생명공학과	과학(생명과학 I · II), 화학	생명윤리, 생물실험	유전자 추출 실험, 백신 메커니즘 조사
간호학과	과학(생명, 화학), 사회(생활과 윤리)	보건의료, 심리학 기초	환자 모의 인터뷰, 바이탈 측정 탐구

진로 분야	주요 교과 과목	추천 진로 과목	연계 탐구·활동 예시
경영학과	수학(확률과 통계), 사회(경제)	기업가정신, 회계학 기초	스타트업 경영 시뮬레이션, 소비자 분석
심리학과	사회(사회문화, 윤리), 국어	심리학 개론, 사회 조사방법	인지 실험 설계, 감정 표현 비교 연구
교육학과	국어, 사회(윤리), 심리학	교육심리, 아동발달	교육 토론회 운영, 수업 지도안 제작
의예과	과학(생1·화1·지1), 수학(미적)	의학개론, 생명윤리	뇌신경 해부 구조 탐구, 병리과정 추적
건축학과	수학(기하), 미술	공간설계, 도시계획	모델하우스 제작, 설계도 발표
환경공학과	과학(지구과학, 화학), 수학	환경과학, 에너지과학	기후 변화 보고서 작성, 대기오염 시뮬레이션

활용 포인트:

- 계열 불일치 피하기 (예: 간호학 지원자가 물리·기하 위주 선택 시 불리)
- 융합 선택 과목은 세특과 탐구 활동에 용이하게 구성
- 진로 연계 과목은 반드시 성취도 A 확보 목표로 관리

[부록 7] 독서 활동 기록 카드

생활기록부 독서 활동 기록 및 세특 연계를 위한 사전 정리용입니다. 도서 선택 배경, 핵심 내용, 느낀 점, 향후 탐구 연계 등을 필수 작성을 할 때 사용하면 좋습니다.

항목	내용 예시
책 제목	『총, 균, 쇠』
저자	재레드 다이아몬드
선택 이유	인류 문명의 발전이 지리와 환경에 따라 어떻게 달라졌는지 궁금해서 읽음
핵심 내용 요약 (3문장 이내)	유라시아 대륙의 문명이 빠르게 발전한 이유를 식량 생산, 가축화 가능성, 병원균 전파력 등으로 설명함. 환경적 요인이 인류 불평등을 만든 근본 원인이라는 주장을 제시함. 과학적 통계와 고고학 자료를 바탕으로 논리를 전개함.
⊠ 인상 깊은 문장 (선택)	"문명을 만든 것은 개인의 능력이 아니라, 환경이었다."
⊠ 느낀 점 & 배운 점	과거 역사의 흐름을 개인 또는 민족의 능력으로 판단했던 관점을 반성하게 되었음. 환경적·구조적 요인을 탐구하는 것이 진로인 사회과학 분야에도 중요한 관점이라는 것을 체감함.
⊠ 연계 탐구 계획	사회 선택 과목인 '사회문화' 수업에서 불평등 구조를 다룰 때 본 책의 내용을 적용하고, 환경 요인이 정치 시스템에 미치는 영향을 주제로 보고서를 작성할 예정임.

사용 가이드

- 1권당 1매 작성을 권장함

- 세특 연계 가능 포인트: 책 내용에 대한 개인적 해석 + 교과 적용 가능성 + 추가 탐구 의지
- 교사 제출용 요약문 작성 시에도 활용 가능함

활용 포인트

- "감명 깊게 읽었다" 식의 상투적 감상은 피할 것
- 구체적 지식 연결 → 개인적 성찰 → 교과 연계 탐구의 3단 논리 구조 필수
- 계열 적합성과 진로 연계를 강조

[부록 8] 포트폴리오 구성 프레임

학종 대비 활동 자료 정리용 / 자기소개서·면접·세특 일관성 확보 목적으로 사용하도록 구성했습니다. 학년별, 영역별 정리로 "나만의 스토리라인" 완성 가능합니다.

기본 구성표

항목	예시
희망 진로	인공지능 윤리 전문가
목표 학과	인공지능융합학과 / 컴퓨터공학과
핵심 역량	분석력, 프로그래밍, 사회적 책임의식

학년별 활동 정리

학년	활동명	영역	연계 교과	핵심 역량	세특 반영 여부
고1	'AI 윤리' 독서 토론	창체/동아리	윤리와사상	비판적 사고력	○
고1	『인공지능과 미래사회』 보고서	탐구활동	기술가정	자료 분석력	○
고2	딥페이크 AI 분석 실험	공동교육	정보	프로그래밍	○
고2	AI 법적 쟁점 모의재판 참가	자율활동	사회	커뮤니케이션	○

학년	활동명	영역	연계 교과	핵심 역량	세특 반영 여부
고3	GPT 사용설명서 제작 프로젝트	수행평가	정보	문제 해결력	○

전체 활동 키워드 맵

- AI 관련: 정보과목 프로젝트, AI 도서 독서

- 윤리적 가치관: 토론, 법과 정치 과목 활동

- 문제 해결력: 실험 → 보고서 → 발표

- 커뮤니케이션: 발표, 팀 프로젝트, 교내 대회

작성법

- '교과 + 탐구 + 진로' 간의 일관성 필수

- 학기별로 최소 1개 이상 대표 활동 확보

- 활동 간 연결성과 확장성을 강조

- 면접·자기소개서에 반복적으로 사용할 수 있는 문장을 미리 발굴해
  둘 것

- PDF로 저장하여 1년 단위로 정리 추천

2028 대입 전략서
고교학점제 시대의 실전 입시와 진로 설계

초판 1쇄 발행 2025년 8월 15일

발행인 김영근

저자 이진섭

편집 마음 연결

디자인 마음 연결

펴낸곳 마음 연결

주소 경기도 수원시 팔달구 인계로 120 스마트타워 604호

이메일 nousandmind@gmail.com

ISBN 979-11-93471-80-7

값 17000